KB119133

세상에서 가장 짧은 미국사

일러두기

1. 'Territory'는 '준주(準州)'로 옮겼다.
2. 모든 주는 옮긴이주다.

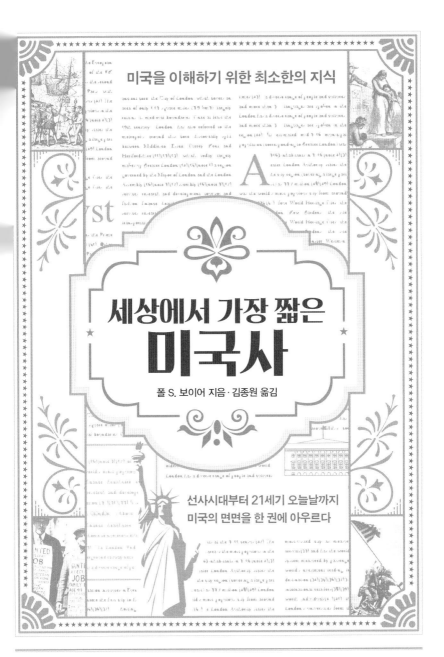

미국을 이해하기 위한 최소한의 지식

세상에서 가장 짧은
미국사

폴 S. 보이어 지음 · 김종원 옮김

선사시대부터 21세기 오늘날까지
미국의 면면을 한 권에 아우르다

A Very Short Introduction to American History

위즈덤하우스

워싱턴
Washington

몬태나
Montana

노스다코
North Dak

오리건
Oregon

아이다호
Idaho

와이오밍
Wyoming

사우스다
South Dak

네브래스
Nebrask

네바다
Nevada

유타
Utah

콜로라도
Colorado

캔자
Kan

애리조나
Arizona

뉴멕시코
New Mexico

오
O

텍사스
Texas

알래스카
Alaska

하와이
Hawaii

버몬트
Vermont

메인
Maine

위스콘신
Wisconsin

미시간
Michigan

뉴욕
New York

뉴햄프셔
New Hampshire

매사추세츠
Massachusetts

로드아일랜드
Rhode Island

코네티컷
Connecticut

와

일리노이
Illinois

인디애나
Indiana

오하이오
Ohio

펜실베이니아
Pennsylvania

주리
ssouri

웨스트
버지니아
West
Virginia

버지니아
Virginia

뉴저지
New Jersey

델라웨어
Delaware

메릴랜드
Maryland

켄터키
Kentucky

칸소
kansas

테네시
Tennessee

노스캐롤라이나
North Carolina

미시시피
Mississippi

앨라배마
Alabama

조지아
Georgia

사우스
캐롤라이나
South
Carolina

루이지애나
Louisiana

플로리다
Florida

미국사를 저술하는 작업을 시작할 정도로 무모한 사람이 맞닥뜨리는 수많은 도전 가운데, 아마도 가장 감당하기 어려운 것은 신화와 선입견 그리고 이데올로기적 추상으로 자욱한 구름을 헤쳐나가야 하는 일일 것이다. 때때로 이것들은, 아무런 장식 없는 있는 그대로의 실재가 안갯속으로 사라지게 할 만큼, 너무나 완벽하게 국가의 역사를 뒤덮고 있는 것처럼 보인다. 유럽인들이 대서양 건너 서쪽에 있는 땅을 발견했던 초기부터, 작가들은 그 땅에 희망, 꿈, 허황된 공상을 투영했다. 이 광대한 대륙은 이미 원주민 수백만 명의 고향이었으며 복잡한 사회들을 품고 있었지만, 유럽인들은 그곳을 매혹적이게도 비어 있으며 가능성이 넘쳐나는 땅이라고 상상했다. 그들은 그야말로 '신세계New World'를 마음에 그렸다. 크리스토퍼 콜럼버스Christopher

Columbus가 카리브해 지역에 상륙하고 나서 24년이 지난 1516년 출간된 책에서, 영국의 철학자이자 정치인이었던 토머스 모어Thomas More는 이상적인 사회를 상상했다. 그는 그곳을 '유토피아utopia'라고 불렀는데, 당시 막 발견된 지금의 브라질 근처에 있을 것으로 생각했다. 이 가상 신세계의 사람들은 화합, 협동, 평등의 가치를 중시하고, 재산을 공동으로 소유하며, 물욕 같은 것을 품지 않았다(아주 멋진 세부 묘사를 보면, 유토피아에서 요강은 금으로 만든다. 그 가치 없는 금속을 경멸하기 때문이다).

몇 세기 후, 어마어마한 수의 이민자가 미국으로 밀려들 때, 많은 사람이 편견에 기초한 헛된 기대를 품고 있었다. 이것을 상징적으로 보여주는 것이 뉴욕항에 있는 자유의 여신상이다. 엠마 라자루스Emma Lazarus가 1883년 지은 시가 그 기단에 새겨져 있다.

너의 지치고 가난한

자유를 호흡하기를 열망하는 웅크린 사람들을

북적이는 해안가의 가련한 사람들을 나에게 보내다오

폭풍우에 시달린, 집 없는 사람들을 나에게 보내다오

황금의 문 곁에서 내가 횃불을 들고 있을 터이니!

어떤 이에게는 꿈이 현실이 되었지만, 또 어떤 이에게는 꿈은 무너지고 쓰라린 실망만 남았다. 대부분 성취와 실패가 뒤섞인 현실이 이내 이상화된 환상을 대체했다. 노예가 되어 강제로 아메리카 대륙으로 수송된 수백만 명의 아프리카인에게는, 그런 환상조차 그들이 이 민자로서 겪는 엄혹한 현실에 끼어들 여지가 없었다.

어떤 이는 신세계에 종교적 의미를 부여했다. 콜럼버스는 말년에 '하나님께서 자신의 항해(발견)들을 인도하시어, 천년왕국 시대에 관한 성서의 예언들을 실현하셨다'고 확신했다. 훨씬 뒤에 뉴잉글랜드의 청교도들은 신의 계획이 펼쳐지는 데 미국이 주요한 역할을 하게 될 것이라는 믿음에서 영감을 얻었다. 오늘날에도 미국의 많은 복음주의 기독교도가 하나님의 나라를 위한 특별한 장소를 계속해서 마음속에 그리고 있다. 또는 세속적 가치를 추구하다가 타락한 미국이 한때 누렸던 신의 은혜를 박탈당했다고 슬퍼한다.

어느 정도 세속화한 형태로, 미국 예외주의는 미국사를 자유와 기회 그리고 끝없는 진보의 이야기—다행스럽게도 그보다 은혜를 덜 입은 사회들을 훼손한 어둡고 착취적 특성이 없는—로 보는 고도로 선별적 견해를 제시한 역사가와 교과서 저자의 저작으로 스며들었다. 이러한 이기적 해석은 여러 사건을 겪으며 난타당함과 동시에 역사 연구에서 초자연주의적 가정을 걸러내려는 노력으로 점차 시들해졌다. 하지만 1980년대 내내 미국의 대통령이었던 로널드 레이건Ronald Reagan은 유례없이 혜택받은 운명을 누리는 '산 위의 반짝이는 도시a shining city on a hill'*라는 미국의 이미지를 되살려냄으로써 많은 사람을

---

* '산 위의 도시(마을)'는 예수의 산상수훈 중 하나인 '소금과 빛' 부분에 나오는 표현이다. "너희는 세상의 빛이라 산 위에 있는 동네가 숨겨지지 못할 것이요"(《마태복음》 5:14).

고무했다.

반면 어떤 이는 미국의 추상적 개념과 의미를 더욱 불길하게 이해했다. 마르크스주의 이론가 그리고 신新식민주의와 경제적 제국주의를 소리 높여 반대하는 사람이 보기에, 미국은 후기 자본주의의 완벽한 본보기로서, 그곳의 회사들은 시장, 값싼 노동, 천연자원을 찾아 온갖 곳에 촉수를 뻗치고 있다. 세계 곳곳의 고유한 풍습과 문화를 소중하게 여기는 사람은 미국을 천하고 타락한 대중문화의 원천이라고 비난한다. 취할 점이 없는 것은 아니지만, 이처럼 정형화된 생각은 전체 줄거리를 거의 전달하지 못한다. 알라가 정하고 쿠란이 제시한 세계의 정당한 질서라는 이념에 사로잡힌 이슬람 혁명가에게 미국은 그 꿈의 실현을 방해하는 육중한 장애물, 즉 거대한 사탄으로 보인다.

이처럼 다양한 신화, 이상화된 비현실적 관념, 이데올로기적 구조물은 사상사를 연구하는 사람에게는 매혹적일 수 있지만, 선입견이나 비본질적 항목을 털어낸 미국의 실제 역사를 이해하는 데는 방해가 된다(물론 완벽한 객관성이라는 것도 또 하나의 환상이다). 하지만 그것은 여전히 가치 있는 목표다. 이 책은 모든 것을 그 안에 꼭 들어맞도록 강제하는 포괄적이고 획일적인 어떤 틀을 주장하지 않는다. 대신 어느 정도 개괄적 실재들로 이야기 대부분을 구성했다. 그것은 이민, 도시화, 노예제도, 아메리카 대륙 안에서 벌어진 영토 확장, 미국 권력의 전 세계적 투사, 종교의 중심적 역할, 농업 경제에서 산업 경제로 그리고 후기 산업 경제로의 진전 등이다. 이처럼 거대한 주제들의 윤곽을 드러내는 동시에, 이 책은 미국 사회의 다양성, 개별 행위자들의 중요성 그리고 국민의 역사라는 거대한 바탕 위에서 특정 집단들이 활동하는 데 인종, 민족, 성별, 사회계급이 수행한 결정적 역할을 설명한다.

미국사라는 방대한 주제를 다루는 이 짤막한 입문서는 지나치게 긍정적이고 낙관적인 접근이나 과도하게 부정적인 접근을 모두 피한다. 확실히 현대의 관점에서 보면, (여러 민족의 역사에서 많은 부분이 그러하듯이) 미국사의 많은 부분이 섣불리 질책하고 도덕적으로 판단하도록 유혹한다. 광신적 우월주의자, 정치인, 애국심을 부추기는 애국자의 고상한 미사여구와 역사적 실재 사이의 격차는 비웃음과 빈정거림을 초래하기도 한다. 그러나 이러한 자세는 또 다른 왜곡을 일으킨다. 처음부터 끝까지, 비판적이지만 균형 있고 적절하게 그리고 이데올로기를 배제하는 방식으로 이야기를 제시하는 것이 목표였고, 그래서 판단을 내리는 일은 독자에게 맡겼다. 미국사는 어떤 점에서는 독특하지만, 공통의 인간 조건을 공유하는 여러 사회 가운데 한 사회의 이야기일 뿐이다. 즉 세계사라고 하는 엄청난 분량의 책에 포함된, 짧고 완결되지 않은 한 장章이다. 이 조그마한 책이 최종적이거나 확정적이라고 허세 부리지는 않겠다. 이 책은 최선을 다해 미국을 관찰한 결과물이지만, 그 관찰자도 미국이라는 사회의 산물이며 국가의 시민임을 잊어서는 안 될 것이다.

앉은 자리에서 한 번에 읽을 수 있는 짧은 미국사를 쓰는 일에 착수한 사람이라면 누구나 몇 가지 도전에 직면하게 된다. 생략해야 할 것이 많고, 핵심에서 벗어나는 이야기는 유감스럽게도 피해야만 하며, 개괄적 일반화를 위한 보강 논의는 더 두꺼운 연구서에 맡겨야 한다. 하지만 짧음을 추구하는 것도 나름의 이점이 있다. 간결한 구성은 정말로 중요한 것이 무엇인지를 냉정히 판단하게 하고, 이야기의 주요한 맥락에 집중하게 하며, 핵심적인 여러 전환점과 지속적인 주제를 정확히 집어낼 수 있게 한다. 그리고 알지도 못하는 저자와 함께 흔쾌히 몇 시간을 보내려고 하는 독자에게 공명정대하게 이야기하자면, 이러한 구성은 명료하고 읽기 쉽다는 장점이 있다. 이 책이 어느 정도라도 이러한 다양한 도전을 잘 완수했기를 바란다.

2012년 1월

위스콘신주 매디슨에서

감사의 말

옥스퍼드대학교 출판사의 비범한 편집자 낸시 토프Nancy Toff에게 고마움을 전한다. 그녀는 이 도전적인 프로젝트에 나를 초대하고, 단계마다 용기를 북돋우며, 건강 문제가 주의를 흐트러뜨릴 때 목적을 달성할 수 있도록 각별한 지원을 아끼지 않았다. 소냐 타이코Sonia Tycko는 아주 효율적으로 장들을 정리해주었고, 에밀리 자카린Emily Sacharin은 놀랄 만한 솜씨로 참고문헌들을 찾아냈으며, 조엘린 오산카Joellyn Ausanka는 힘든 제작 작업을 도맡았고, 메리 서덜랜드Mary Sutherland는 멋지게 교열 작업을 해주었다. 운 좋게도, 재능 있는 교열자로 여러 해 활동한 처제 매리언 탈보트 브래디Marion Talbot Brady가 마지막 교열 작업을 진행할 때 우연히 방문해 아낌없이 도움을 주었다. 이들 모두에게 감사한다.

이처럼 직접 신세 진 일을 떠나, 수많은 역사가에게 진심 어린 감사의 마음을 전하고 싶다. 이 짤막한 입문서를 준비하면서 그들의 학문적 저작에 의존하지 않을 수 없었다. 독자가 여기에서 간략하게 다룬 주제나 논지를 더 깊이 분석하기 위해 저들의 방대한 저작으로 눈길을 돌리게 되기를 바란다.

차례

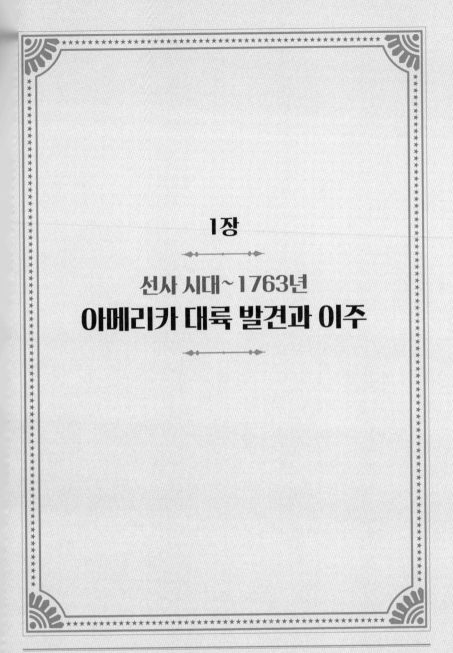

1장

선사 시대~1763년
아메리카 대륙 발견과 이주

오늘날 미국인은 21세기의 바쁜 생활 리듬에 젖어 있는 탓에, 잠시 숨을 돌리고 자신이 지난 몇천 년간 수많은 사람이 거주하던 땅에 산다는 사실을 곰곰이 생각해볼 여유가 거의 없다. 우리가 (피렌체의 지도 제작자였던 아메리고 베스푸치Amerigo Vespucci의 이름을 따) 아메리카라고 부르는 대륙에 인간이 정착하기 시작한 것은 적어도 1만 5,000년 전이다. 처음에는 지금의 시베리아에서 알래스카로, 배를 타거나 육교land bridge*를 걸어서 건너왔다. 이주가 계속되고 그 수가 증가하면서, 이 첫 아메리카인들은 남쪽과 동쪽으로 퍼져나갔고, 아주 다양한 기후

---

* '베링 육교'를 말한다. 옛 빙하기에 아시아 대륙과 아메리카 대륙을 이어준 가늘고 긴 땅이다.

와 지형을 맞닥뜨렸다. 그리하여 언어, 사회, 종교, 생계 수단이 다른 독특한 집단들이 서서히 나타나게 되었다.

지금의 뉴멕시코에서는 아나사지족Anasazi이 푸에블로pueblo라고 하는 정착지들을 건설하고, 정교한 기술로 아름다운 보석과 도자기를 만들며, 메마른 토양에서 생계를 꾸려나갔다. 그보다 동쪽인 미시시피강과 미주리강이 만나는 카오키아Cahokia(지금의 이스트세인트루이스)에서는 주요한 문명이 발생했다. 대서양 연안을 따라서는 사냥, 농업, 어업에 종사하는 다른 집단들이 있었다. 그들은 외교 관계를 맺고 가끔 전쟁을 벌이기도 하며 광범위한 무역망을 유지했다. 지금의 뉴욕주 북부에서는 다섯 개의 거대 부족이 1450년 이후 어느 시점에 연합해 이로쿼이Iroquois 연맹을 결성했다. 오대호 주변의 서쪽 평원과 중서부의 북부 지역에서는 또 다른 집단들이 자기 지역의 생태 환경에 의존해 농업, 어업, 버펄로 사냥으로 먹고살았다.

1500년경에 이르면 북아메리카 인구는 700만 명에서 1,000만 명 정도였을 것으로 추정된다. 중앙아메리카와 남아메리카에서는 수백만 명이 살고 있었는데, 그곳에서도 일련의 문명(마야 제국, 아스테카 왕국, 계속해서 팽창하던 잉카 제국)이 1,000년 이상 번영을 누렸다.

그때까지 이 문명들은 유럽에 알려지지 않았다. 라이프 에릭손Leif Erikson을 비롯한 스칸디나비아반도 출신의 모험적인 항해자들이 일찍이 1000년 즈음 아메리카 대륙 북동부 끝자락에 도달해 뉴펀들랜드에 잠시지만 정착지를 건설하기도 했다. 그러나 이러한 단발적인 접촉을 제외하고는 아메리카 대륙의 원주민과 유럽인은 서로의 존재를

콜로라도주의 메사버드Mesa Verde 국립공원에 있는 벼랑 거주지. 고대의 정착민들이 건설한 이 거주지는 12, 13세기의 강우량 부족 탓에 폐허가 되었다.

전혀 알지 못했다. 하지만 이러한 상황은 곧 변화해 양쪽에 중대한 영향을 미치게 될 것이었다.

▌멋진 신세계를 찾아서

15세기 말 유럽은 지적 소요와 기술 혁신 그리고 경제적 변화로 들끓었다. 아시아로 가는 더 빠른 무역로를 찾기 위해 포르투갈 항해자들은 아프리카 대륙 끝부분을 돌아 동쪽으로 가는 모험을 단행했다. 어떤 항해자는 훨씬 더 대담한 경로, 즉 대서양을 건너 서쪽으로 가는 길을 생각했다. 이탈리아인 콜럼버스는 스페인 군주 페르디난드Ferdinand와 이사벨라Isabella를 설득해 항해를 위한 자금을 지원받았다.

그는 지구의 크기를 잘못 계산한 데다가 광대한 대륙들이 가로막고 있다는 사실을 알지 못한 채, 1492년 8월 3일 범선 세 척으로 구성된 소함대를 이끌고 스페인 팔로스Palos에서 아시아를 향해 출발했다. 두 달 정도 지난 10월 12일 그는 아시아에 도착하는 대신 지금의 쿠바 앞바다에 있는 어느 섬에 상륙해 산살바도르San Salvador라고 이름 붙였다. 그곳이 인도 제국이라고 확신한 그는 원주민을 인디언Indian이라고 불렀다. 이 명칭은 그대로 굳어졌다.

경제적·정치적·종교적 동기가 얽히고설켜 유럽에서 탐험 열기를 부추겼다. 첫 항해 이후 세 번의 항해를 더 한 콜럼버스 자신은 부와 명예에 대한 야심과 인디언을 기독교도로 개종시키려는 열의에 사로잡혔다. 그는 또한 자신의 항해를 성서의 예언을 실행하는 것으로 여겼다. 이는 미국이 하나님의 특별한 관심 대상이라고 여기는 (끊임없이 이어지고 있는) 풍조의 초기 사례다. 미지의 세계로 나서는 탐사들에 자금을 지원한 군주들은 영토를 확장하고, 경쟁자를 능가하며, 당대인이 윌리엄 셰익스피어William Shakespeare가 《폭풍우*The Tempest*》에서 "멋진 신세계brave new world"라고 묘사한 곳에 매우 많이 있다고 믿은 전설 속의 재물을 얻고자 했다.

▌정착지의 확산

콜럼버스가 개척한 물길은 유럽 열강이 그 권리를 주장하고 나서면서 곧 많은 사람이 뒤따르는 여행길이 되었다. 카리브해 지역, 멕시코 그리고 중앙아메리카와 남아메리카뿐 아니라 지금의 플로리다주(세인트 어거스틴St. Augustine, 1565)와 뉴멕시코주(샌타페이Santa Fe, 1609)에 건설된 스페인 식민지에는 스페인어를 사용하는 수많은 군인, 모험가, 식민지 관리, 가톨릭 선교사가 밀려들었다.

네덜란드가 곧 그 뒤를 이었다. 1609년 네덜란드 동인도회사에 고용된 영국의 항해가 헨리 허드슨Henry Hudson이, 지금은 그의 이름으로 불리는 강을 배를 타고 거슬러 올라갔다. 1625년 네덜란드 동인도회사는 맨해튼을 그 지역의 레너피족Lenape에게 구입해 니우암스테르담Nieuw Amsterdam을 건설했다. 그리고 허드슨강을 끼고 있는 땅을 파트룬patroon이라고 불린 지주 겸 식민지 감독관들에게 수여했는데, 이들은 그 지역에 정착한 차지농借地農들에게 세금과 각종 요금을 뜯어낼 수 있었다.

영국은 이 경쟁에 뒤늦게 뛰어들었지만, 곧바로 만회했다. 1530년대 영국까지 불어닥친 종교개혁은, 메릴랜드를 제외한 아메리카 대륙의 영국 식민지들에도 영향을 미쳤다(메릴랜드는 찰스 1세Charles I의 승인을 받아 가톨릭교도인 세실리우스 캘버트Cecilius Calvert가 1632년 건설한 식민지로, 영국에서 박해를 피해 도망한 가톨릭교도들에게 피난처가 되었던 곳이다).

아메리카 대륙에서 영국 최초의 확고한 기반은 여왕 엘리자베스 1세Elizabeth I가 처녀임을 기려 버지니아라고 이름 붙인 지역에 만들어졌다. 1607년 약 600명 규모의 이주민 집단이, 모험가adventurer라고 불린 투자자들의 회사에서 자금을 지원받아 버지니아에 도착해, 엘리자베스 1세의 왕위 계승자 제임스 1세James I의 이름을 딴 제임스타운이라는 요새를 건설했다. 하지만 금과 은으로 부자가 되고자 한 투자자들의 희망은 순식간에 사라져버렸는데, 질병, 굶주림, 인디언의 공격으로 이주민 대부분이 얼마 못 가 죽었기 때문이다. 다만 유럽에서 파이프 담배가 유행해, 1611년에 처음 경작된 버지니아의 담배가 수익성 있는 수출품이 되었다. 1604년에 발간된 소책자에서 제임스 1세가 담배를 "눈을 따갑게 하고 코를 불쾌하게 하며, 뇌에 해롭고 폐에 위험한" 것이라고 비난했지만 효과가 거의 없었다.

더 많은 영국 식민지가 남쪽으로, 즉 노스캐롤라이나와 사우스캐롤라이나에서 조지아로 확산하면서 결국에는 플로리다에 있는 스페인 식민지와 마주쳤다. 이 남부 식민지들에서 가장 많이 재배된 작물은 담배로, 그 외에 쌀과 인디고가 추가로 재배되었다. 이 지역에는 개신교도인 영국 국교회 신도가 가장 많았는데, 그들 외에 더욱 분권적인 교회 권력을 선호한 스코틀랜드 장로교도, 소박한 삶과 각자의 내면에서 찾은 그리스도의 인도(또는 내면의 빛)를 신봉하는 퀘이커교도, 형식과 의례를 넘어 진심에서 우러나는 신앙심과 신과의 개인적 대화를 강조하는 감리교도와 침례교도가 있었다.

그보다 북쪽으로 가면, 영국 국교회와 완전히 관계를 끊은 비非국교회 신도, 즉 필그림Pilgrim들의 작은 집단이 지금의 매사추세츠에 1620년 플리머스라고 불리는 정착지를 건설했다. 잘 알려진 바처럼 그들은 망명 생활을 하던 네덜란드에서 왔다. 그들이 1621년 왐파노아그족Wampanoag과 함께 연 잔치는 미국의 주요 절기인 추수감사절로 발전했다. 그곳의 첫 번째 총독 윌리엄 브래드퍼드William Bradford가 1630년부터 1651년까지 정착의 역사를 간결하고 꾸밈없는 문체로 연재한《플리머스 식민지의 역사*Of Plymouth Plantation*》는 미국 문학의 초기 고전 가운데 하나로 평가된다.

더 크고, 역사적으로 더 중요한 매사추세츠만灣 식민지는 1630년 보스턴에 세워졌다. 이주민은 청교도Puritan였는데, 이들은 영국 국교회에 남아 있는 가톨릭의 관행을 정화하려purify 했으므로 그렇게 불렸다. 훗날 재미없고 고상한 체하는 사람으로 풍자된 이들은 대체로 교회제도와 관련한 일련의 신념으로 이름을 떨쳤다. 그 신념들은 이렇다. 예배는 간소하고 성경에 기반해야 하며, 교회의 권위와 세속의 권위는 완전히 구별해야 하고 신도 모임은 자율적·자치적이어야 하며, 교인은 개인의 개종 경험을 입증할 수 있는 사람들로 제한되어야 한다.

뉴잉글랜드에 자리 잡은 이주민은 초기의 악전고투를 치른 후 번영을 누려 건강과 수명에서 최고 수준에 도달했다. 정착지는 남쪽으로는 로드아일랜드와 코네티컷까지 그리고 북쪽으로는 뉴햄프셔와 버몬트, 메인까지 확대되었다. 이곳의 사람들은 농업과 어업은 물론 원양 무역에도 종사했는데, 목재, 곡물, 군수품, 대구를 영국과 서인도제도에 있는 영국 식민지들에 실어 나르고, 영국에서 차, 가구, 식기, 각종 제조품을 그리고 서인도제도에서 설탕과 당밀(대부분 증류해 럼주로 만들었다)을 가지고 왔다.

중부 대서양 연안 지역에서는 펜실베이니아, 뉴욕, 델라웨어, 뉴저지에 식민지들이 건설되었다. 이로써 영국의 북아메리카 식민지는 더욱 거대해졌다. 1681년 찰스 2세Charles II는 윌리엄 펜William Penn에게 특허장을 부여했는데, 그는 왕당파와 의회파 간의 내전이 끝난 뒤인 1660년 군주제를 복원하는 데 이바지한 해군 제독의 아들이었다. 이 특허장은 그에게 새로운 식민지를 설립, 통치할 수 있는 전권을 부여했다. 개종한 퀘이커교도로서 그는 자신의 이름을 딴 식민지인 펜실베이니아를 '신성한 실험'으로 여겼다. 그의 지도로 펜실베이니아는 박해받은 영국의 퀘이커교도뿐 아니라, 스위스와 독일의 메노파교도를 포함한 유럽의 종교적 소수파들을 기꺼이 받아들였다.

영국과 네덜란드 사이의 충돌이 제국적 범위에서 한창 진행 중이던 1664년 니우암스테르담의 총독이 영국군에게 항복했다. 곧 식민지의 명칭이 (장래에 제임스 2세James II가 될 요크 공작Duke of York의 칭호를 따) 뉴욕으로 바뀌었다. 이곳은, 허드슨 밸리의 비옥한 농업 지대를 배후에 둔, 다양한 인종이 모여 번창하는 상업 중심지가 되었는데, 파트룬들이 서서히 권력을 상실하면서 뉴잉글랜드의 방식을 참고해 개별 농장 소유권을 규범으로 삼았다.

델라웨어는 본래 스웨덴의 모피 무역 기지였는데, 네덜란드가 차지했다가 결국 영국의 소유가 되었다. 뉴저지는 제임스 2세가 뉴욕에서 분리해 논쟁의 여지가 있는 소유자 집단*에 하사했던 것으로 1702년 국왕 식민지가 되었다.

---

* 뉴저지는 '토지 소유자 겸 식민지 감독관(Lords proprietor)'들이 지배하는 형태의 식민지다. 이러한 형태의 식민지는 일반적으로 국왕에게 토지 소유권과 통치권을 부여받은 자를 감독관으로 임명했다. 하지만 뉴저지는 통치권에 대한 부분이 명확하게 규정되지 않았다.

▌피를 부른 만남

미국 역사가들은 한때 콜럼버스가 발견하기 이전의 아메리카 대륙을 '처녀지', 다시 말해 사실상 비어 있는 황무지라고 신화화했다. 하지만 현실에서 이주민은 규모가 크고, 복합적이며, 오랫동안 존재해왔던 원주민 사회들과 맞닥뜨렸다. 새로 온 사람과 원주민 양쪽 모두에게 깊은 영향을 미쳤던 이 만남은 협상, 교역, 전략적 동맹부터 유혈 충돌, 새로운 질병(면역력이 없는 인디언들을 죽인 천연두), 매우 다른 우주관과 사회 체제로 유발된 오해까지 각양각색의 형태를 취했다.

스페인 식민지들에서는 선교사와 관리가 원주민을 노동자나 잠재적 개종자 그리고 때때로 치명적인 적으로 간주했다. 1680년 일어난 푸에블로족Pueblo과 아파치족Apache의 봉기로 약 400명의 성직자와 관리가 사망했다. 12년이 지나서야 다시 스페인이 상황을 통제할 수 있었다. 콜럼버스는 원주민을 어떻게 대해야 하는지에 대해 "그들이 선량하고 숙련된 하인이 되도록 해야 한다"라고 강조했다. 그리고 계속해서 "나는 그들을 아주 쉽게 기독교도로 개종시킬 수 있다고 생각한다. …… 나는 50명으로 그들 전체를 정복하고 내가 원하는 대로 통치할 수 있었다"라고 회고했다.

영국 식민지에서는 양쪽의 관계가 좋았던 경우가 종종 있었다. 이주민과 인디언이 힘을 합쳐 공동의 적에 맞서기도 했다. 예를 들면, 1637년 코네티컷에서는 이주민이 그 지역의 모히칸족Mohegan 및 나라간세트족Narragansett과 동맹을 맺어 피쿼트족Pequot에 맞섰다. 이 와중에 코네티컷 민병대원들이 피쿼트족 마을 하나를 불태우고 필사적으로 달아나는 수백 명의 남성과 여성, 어린아이를 살육했다.

이주민과 인디언의 관계는 종종 착취적이고 폭력적으로 변했는데, 특히 재산권에 대한 견해가 달라 상황이 나빠졌다. 인디언은 토지를 누구나 사용하도록 공유하는 것으로 생각했지만, 유럽에서 온 이주민은 계약에 따른 배타적인 것으로 간주했다. 이러한 차이로 그리고 식민지들의 거침없는 팽창으로 격렬한 충돌이 발생했다. 제임스타운은 파우하탄족Powhatan이 일으킨 1622년 봉기로 심각한 타격을 입었다. 1763년에는 서스케하나Susquehanna강을 따라 정착한 스코틀랜드계 아일랜드 장로교도 이주민들이, 변경 지대의 안전을 경시한다고 펜실베이니아의 퀘이커교도 지도자들을 비난하면서, 인근에 사는 평화를 사랑한 코네스토가족Conestoga을 살육하고 머리 가죽을 벗겼다.

뉴잉글랜드에서는 폭발 직전의 긴장 상태가 계속되다가, 왐파노아그족 추장 메타콤Metacom이 끊임없이 잠식해 들어오는 식민지에 전쟁을 선포했다. 1675년부터 1676년까지 벌어진 이 전쟁에서 인디언은 2,500명의 이주민을 죽였다. 이주민도 수많은 인디언을 죽이고 포로를 노예로 팔아버림으로써 똑같이 잔인하게 앙갚음했다. 심지어 메타콤을 사로잡았을 때, 그의 머리를 잘라 엄숙한 전리품으로 전시해놓았다.

요약하면 식민지 시대에는 충돌, 새로운 질병, 식민지의 가차 없는 확장으로 인디언이 큰 피해를 보는 양상이 비극적으로 계속되었다. 1800년경 북아메리카의 인디언 인구는 60만 명 정도였는데, 유럽의 식민화가 진행되기 직전 어림잡아 220만 명이었던 것에 비하면 애처

롭기 그지없을 정도로 줄어들었다.

▌노예제도의 시작

식민지 시대에 도입된 노예제도는 내전의 씨앗을 심음과 동시에 인종주의라는 결과물을 남겼다. 노예제도는 고대 문명에서 일반적으로 행해졌고, 아프리카 대륙과 아랍에서는 더 오랫동안 번성했다. 그러다가 바이러스처럼 대서양을 건너 아메리카 대륙까지 왔다.

첫 번째 노예선이 1619년 제임스타운에 도착했고, 이후 아주 많은 노예선이 뒤를 이었다. 처음에는 아프리카인만 있지 않았다. 자유롭지 못한 노동자의 종류는 다양했는데, 그중에는 연한年限 계약 노동자 indentured servant인 백인도 있었다. 이들은 아메리카 대륙으로 가는 뱃삯을 내준 고용주를 위해 계약 기간만큼 일해야 했다. 물론 그 의무만 완수하면 자유로워졌다. 이와는 대조적으로 아프리카인은 문화적으로나 인종적으로나 국외자 처지였다. 결국 이들은 영구히 노예 신분으로 전락했으며, 따라서 검은 피부는 자유롭지 못한 상태를 상징하게 되었다. 1705년 버지니아 법률은 노예 신분을 어머니를 통해 전해지는(따라서 백인 주인과 여성 노예 사이의 자식까지 포함하는) 영구적인 지위로 규정했다.

노예제도는 스페인, 포르투갈 그리고 영국의 식민지들로 확산했다. 영국이 이러한 인신매매를 장악했지만, 많은 이주민이 무역에 종사하던 뉴잉글랜드도 참여했다. 1790년에 이르면 북아메리카에서 노예화된 사람의 수(버지니아주와 메릴랜드주 그리고 그보다 훨씬 남쪽의 담배와 쌀을 재배하는 식민지들에 집중되기는 했지만, 식민지 전체에 걸쳐 존재했다)는 약 70만 명에 이르렀다.

주기적으로 일어난 노예 봉기(1712년 뉴욕, 1739년 사우스캐롤라이나)는 잔혹하게 진압되었다. 몇몇 뉴잉글랜드 이주민 및 펜실베이니아의 퀘이커교도와 메노파교도의 도덕적 저항은 효과가 거의 없었다. 식민지 사회 그리고 경제적 삶과 얽힌 채 노예제도는 1860년대까지 살아남게 될 것이었고, 그 여파는 그보다도 훨씬 더 오래 계속될 것이었다.

▌새로운 사회, 새로운 문화

대중의 기억과 초기 교과서에서, 1492년부터 1776년까지 대략 300년간의 미국사는 일관성 없이 무작위로 그리고 어느 정도는 신화화된 모습으로 잠깐 나타났다가 사라진다. 예를 들면, 제임스타운에서 존스미스John Smith의 목숨을 구하는 아름다운 인디언 공주, 플리머스 해변으로 발걸음을 옮기는 결연한 필그림, 인디언에게 자질구레한 장신구 몇 개를 주고 맨해튼을 산 네덜란드인, 매사추세츠 세일럼Salem에서 마녀로 고발되어 교수형 당한 사람, 캘리포니아의 낭만적인 선교지* 등이 그것이다.

그러나 식민지 시대는 오랫동안 계속될 사고방식과 사회적 양식을 만들어냈다. 이주민과 인디언 그리고 노예화된 아프리카인의 긴장된

---

* 스페인은 1769년부터 1834년까지 캘리포니아에 스물한 개의 선교지를 건설했다. 오늘날 이 장소들은 낭만적 풍경을 자랑하는 관광지가 되었는데, 그 이면에 유럽에서 온 이주민의 인디언 박해라는 역사가 숨어 있는 것이다.

상호작용에 더해, 이 시대의 또 다른 현실들이 장기적으로 중대하게 영향을 미쳤다.

독립선언이 있기 훨씬 전에 영국 식민지들은 사실상 독립 상태를 경험했다. 그들은 상당히 높은 수준의 자치와 경제적 자율을 누리고 있었다. 영국 정부가 최고 권력임을 주장했지만, 현실에서는 식민지들이 점점 더 많은 업무를 스스로 처리하고 있었다. 이주민 가운데 자신을 영국 백성이라고 생각하는 사람은 거의 없었고, 많은 이가 영국이 파견한 관리들의 요구에 짜증 나 있었다.

연장선에서 식민지들은 경제적 이해관계를 영국의 제국 체제라는 렌즈보다는 지역적 조건에서 따졌다. 물론 영국은 이러한 추이를 묵과하지 않았다. 영국과 그 식민지들을 런던에서 관리하는 단일한 경제 단위로 간주한 중상주의mercantilism에 따라, 영국 의회는 1651년부터 1733년까지 일련의 항해법Navigation Acts을 제정해 아메리카 대륙과 서인도제도의 경제를 통합하려고 했다. 이에 따르면, 식민지들은 영국에 원재료를 공급하고 제조품과 소비재를 수입하게 될 것이었다. 어떤 면에서 중상주의는 (예를 들면, 조선업, 어업, 담배 농업, 군수품 제조업 등을 고무함으로써) 식민지들의 경제 활동을 자극했다. 하지만 정치 영역에서 그랬던 것과 마찬가지로 경제 영역에서도 식민지들은 멀리 떨어진 영국의 이해관계보다는 자신들의 이해관계에 관심을 기울였다. 요약하면, 식민지들의 독립은 하나의 사건이 아니라 일련의 과정에 이어진 결과였다.

종교도 식민지 시대의 중요한 요소로서, 성직자가 지적·사회적 지도력을 행사했다. 그렇지만 어떤 단일한 교파가 모든 식민지를 지배하지는 않았다. 영국 국교회 신도는 버지니아에서는 다수였지만, 다른 곳에서는 소수였다. 청교도 회중주의는 대체로 뉴잉글랜드에 국한되었다. 퀘이커교도는 펜실베이니아에서는 강력했지만, 다른 곳에서는 거의 영향력이 없었다. 심지어 식민지 내부에서조차 종교적으로 일치되기 어려웠다. 매사추세츠 세일럼의 목사였던 로저 윌리엄스Roger Williams가 1635년 이단적 견해를 밝혀 쫓겨났을 때, 그와 그의 신도들은 그저 인근 로드아일랜드로 이주해갔을 따름이다. 펜실베이니아에서는 스코틀랜드계 아일랜드 장로교도가 필라델피아에서 퀘이커교도의 지도력에 도전했다. 버지니아에서는 침례교도와 감리교도가 영국 국교회의 권위에 저항했다. 18세기 말에 이르러서는 버지니아주의 이신론자와 뉴잉글랜드의 유니테리언교도가 정통 기독교 교리를 완전히 거부했다. 어떤 이는 이러한 다양성을 애석해했지만, 오히려 종교적 활력은 더욱 고취되었다. 국가가 공인한 교회가 없는 '자유 시장' 안에서 종교 집단 간의 경쟁은 식민지 시대에 종교의 영향력을 오히려 증대시켰다.

구원은 개인의 책임이라는 개신교의 핵심 신앙과 결합한 이러한 다양성이 종교적 열정을 끓어오르게 했는데, 이로써 교회의 기존 위계는 더욱 약해졌다. 영국의 순회 전도사 조지 화이트필드George Whitefield와 각 지역 고유의 수많은 설교자에게 영향받아, 1740년대 들어 신앙부흥 운동의 물결, 이른바 '대각성 운동Great Awakening'이 식민지들을 휩쓸었다.

신앙 부흥 운동의 초기 지지자였던 매사추세츠의 조너선 에드워즈 Jonathan Edwards는 1741년 '진노하신 하나님의 손안에 있는 죄인들'이라는 설교로 많은 사람을 두려움에 떨게 했다. 목사이며 신앙 부흥 운동가일 뿐 아니라 박식한 신학자였던 에드워즈는 존 로크John Locke와 다른 계몽 사상가들의 저작에 통달함과 동시에, 하나님의 전능함과 인간의 죄에 대한 칼뱅주의가 포함된 정통 기독교 교리를 재천명했다.

신앙 부흥 운동가는 자신을 반갑게 맞아주는 교회나 옥외에서 회개하라고 부르짖었다. 물론 이때의 회개는 단순한 세례나 교인이 되는 것으로 충분하지 않았다. 대규모 선교와 새로운 교파의 창출을 촉진한, 식민지 시대가 낳은 또 하나의 항구적인 유산은 대중의 경건함이었다. 비록 옥외 설교에서 텔레비전 전도로 그 수단은 변화했지만, 복음주의 기독교 신앙에 바탕을 둔 선교 열정은 21세기 미국에서도 여전히 건재하다.

거룩한 목적의식으로 무장한 뉴잉글랜드 청교도는 그들의 특별한 운명을 확신하고 있었다. 아메리카 대륙으로 오는 도중 배 안에서 진행된 예배에서 매사추세츠의 첫 번째 총독 존 윈스럽John Winthrop은 곧 설립될 식민지를, 인류를 위한 하나님의 궁극적 계획의 예시인 "산 위의 도시"라고 불렀다. 이후 여러 성직자가 정교하게 다듬은 거룩한 목적의식은 신성한 역사에 대한 특별한 해석에 힘입었다. 다시 말해, 하나님이 고대에 유대인을 선택하셨듯이, 아메리카 대륙에 새로운 시온산을 세우기 위해 청교도를 선택했다는 것이다. 때때로 세속적인 언어로 새롭게 표현되는, 미국의 독특한 역사적 역할에 대한 이 뿌리

깊은 믿음은 앞으로도 오랫동안 살아남을 것이다.

물론 청교도 성직자는 누군가의 부정함이 밝혀지면 '여호와Jehovah께서 그들의 사악함을 탓하며 유대인을 벌하셨듯이, 징벌을 내리실 것'이라고 경고했다. 지진, 폭풍, 인디언의 공격 그리고 1692년 자행된 마녀재판*조차도 하나님의 진노로 해석되었다. 이러한 인식은 미국의 종교와 공적 삶에서 긴 생명력을 지니게 될 것이었다.

때때로 그 차이가 지나치게 부풀려지기는 했지만, 당시 식민지들의 사회적 위계와 성별 역할은 동시기 유럽에서 일반적으로 볼 수 있는 것보다 덜 엄격하다는 특징이 있었다. 물론 몇몇 계몽사상가가 상상했던 계급 없는 유토피아라는 것은 아니다. 모든 식민지에는 성직자, 변호사, 대상인 같은 엘리트가 있었다. 그리고 버지니아의 대농장주, 뉴욕의 지주, 필라델피아의 퀘이커 기득권층, 뉴잉글랜드의 선장도 엘리트였다. 1636년 문을 연 하버드칼리지부터 1769년 문을 연 다트머스칼리지까지, 식민지 시대에 아홉 개의 칼리지가 설립되어 엘리트를 교육했다. 그 밑으로는 자작농, 장인 같은 중간계급이, 신분이 더 낮은 사람으로는 일용직 노동자, 농장 노동자, 연한 계약 노동자가 있었다.

그렇지만 유럽과 비교하면, 백인은 비교적 덜 계급화되었고, 문맹률은 더 낮았으며, 사회적 유동성은 더 강했다. 더 열린 사회 그리고

---

* 1692년 봄부터 1693년까지 매사추세츠 세일럼에서 마녀사냥이 계속되었다. 200명 이상이 마녀로 체포되었고, 그중 열아홉 명이 재판에서 마녀로 몰려 교수형을 당했다.

덜 계급화된 사회라는 이미지는 막대한 재산과 뼈를 깎는 듯한 가난이 교차하는 산업 시대까지 살아남을 텐데, 이는 부분적으로는 신화적이지만, 또한 부분적으로는 식민지 시대의 정확한 기억에 기원을 두고 있었다.

성별 역할에 관해서는 식민지들도 당시의 가부장제를 그대로 답습했다. 투표와 공직은 재산을 소유한 백인 남성의 권리로 제한되었다. 결혼한 여성은 재산을 소유하거나 임금을 받고 일하는 것이 금지되었다. 여성은 가사와 육아를 전담하게 해 영역을 분리했다. 1637년 보스턴에서 앤 허치슨Anne Hutchinson이라는 여성이 자기 집에서 모임을 하는 중에 성직자의 설교를 비판했다는 이유로 교회에서 제명되고 식민지에서 추방당했다. 한 성직자는 그녀에게 이렇게 훈계했다. "당신은 당신이 있어야 할 위치를 벗어났다. …… 당신은 아내이기보다는 남편, 청중이기보다는 설교자인 게 차라리 나았을 것이다."

그러나 실제 생활에서는 성별 역할이 엄격하게 작동하지 않았는데, 여성도 공동체에서 존경받는 사회적 역할을 맡았다. 어떤 여성은 '남성의' 직업에 종사했는데, 특히 남편을 잃은 미망인이 그러했다. 더욱이 산업화 이전 시대에는, 텃밭 가꾸기와 가축 돌보기부터 빵 굽기와 양초 만들기, 바느질까지 여성의 '가사' 활동이 가족의 경제적 안녕에 매우 중요했다. 몇몇 젊은 여성은 집안일을 돕는 하녀로 일했다. 더 나이든 여성은 조산원으로 공동체에 이바지했고, 아니면 (특히 뉴잉글랜드에서는) 아이들을 모아 자기 집에서 가르치는 데임 스쿨dame school* 을 운영했다. 이처럼 여성은 식민지들 특유의 상대적 개방성 덕분에 전통적 역할을 넘어설 기회를 얻었고, 이는 19세기 이후 발생한 각종 변화의 바탕이 되었다.

▌제국의 충돌

불만의 징후가 나타나기 시작했지만, 1760년대까지 영국 식민지들은 영국이 제공해주는 보호를 기꺼이 받아들여야만 하는 어쩔 수 없는 이유가 있었다. 바로 적대적인 프랑스 식민지들이 북서부에 존재한다는 사실이었다. 1530년대 자크 카르티에Jacques Cartier의 탐험이 진행되고 세인트로렌스 강변을 따라 프랑스의 어업 및 무역 기지들이 설치된 데 이어, 1608년 사뮈엘 드 샹플랭Samuel de Champlain이 퀘벡을 건설했다. 프랑스에서 온 가톨릭 성직자들이 선교 활동을 시작함과 동시에, 브야제르voyageurs와 쿠뢰르 드 부와coureurs de bois(숲을 드나드는 사람)라고 불린 대담한 모피 무역업자들이 지금의 미시간주, 위스콘신주, 미네소타주 전역에서 활동했다. 세인트로렌스강과 오대호부터 미시시피강을 따라 내려와 뉴올리언스(1718년 건설)까지 이어진 수많은 요새, 선교지, 무역 기지는 프랑스의 야심을 드러냈다.

영국 식민지들은 이러한 발전을 경각심을 품고 지켜보았다. 일찍이 1654년에는 매사추세츠 민병대원들이 프랑스인들을 케이프브레턴 Cape Breton섬에서 몰아낸 바 있었다. 그다음 세기 영국과 프랑스가 몇

---

* 가정에서 읽고 쓰기를 가르치는 사립 초등학교 같은 것으로, 그 형태는 다양했다. '데임'은 본래 '귀부인'을 뜻한다.

차례 전쟁을 벌이는 와중에 영국 식민지들과 프랑스 식민지들도 끊임없이 충돌했다. 1755년 원정에 나선 영국군이 지금의 피츠버그에 있던 프랑스군의 두켄 요새Fort Duquesne를 공격했을 때, 23세의 조지 워싱턴George Washington은 이 전투에서 영국군을 지휘하다가 사망한 에드워드 브래독Edward Braddock 장군의 부관이었다.

1756년부터 1763년까지 이어진 칠년 전쟁에서 영국과 프랑스는 다른 유럽 열강을 끌어들여 패권을 다투었다. 아메리카에서는 영국군과 프랑스군, 식민지 의용군, 인디언 동맹군이 참전했다. (영국 식민지들은 인디언의 참전을 강조해, 이 충돌을 프랑스-인디언 전쟁French and Indian War이라고 불렀다.) 맹렬한 전투가 오하이오 밸리, 오대호, 뉴욕 북부 그리고 세인트로렌스강을 끼고 있는 프랑스 식민지들의 심장부 전역에서 계속되었다. 2만 명의 식민지 의용군이 영국군을 보충했다. 영국군은 처음에는 형편없었지만, 정열적인 새로운 의회 지도자 윌리엄 피트William Pitt의 지휘 아래 형세가 바뀌었다. 1759년에는 영국군과 식민지 의용군이 퀘벡에서 프랑스군을 무찔렀다. 몬트리올이 1760년 항복하면서 아메리카 대륙에서의 전투는 끝났다. 1763년 맺어진 파리조약은 서쪽으로 미시시피강까지의 영국의 지배를 공식화했다.

전투는 끝났지만, 이로써 통제하기 어려운 식민지들의 긴장감이 고조되었다. 프랑스의 위협이 제거되자 영국의 지배가 점차 성가신 것으로 여겨졌기 때문이다. 특히 파리조약에 따라 영국이 이주민의 서부 진출을 제한하고, 애팔래치아산맥과 미시시피강 사이의 땅을 인디언에게 남겨두면서 영국과 식민지들의 관계는 나빠졌다. 특히 종교적 두려움이 식민지들의 분노를 키웠는데, 영국이 새로 획득한 영토에 살던 수천 명의 프랑스 가톨릭교도에게 완전한 종교적 자유를 부여했기 때문이다. 더욱이 영국은 막대한 양의 전쟁 채무를 식민지들에서 걷은 세금으로 갚으려고 했다. 그렇게 마지막 결전을 위한 무대가 마련되었다.

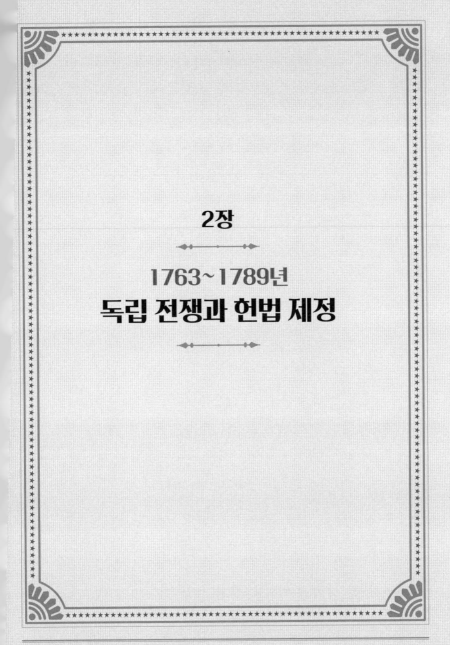

2장

1763~1789년
독립 전쟁과 헌법 제정

오늘날 워싱턴 디시에서는 휴가를 즐기는 미국인과 세계 각지에서 온 여행객이 〈독립선언문〉과 헌법을 보기 위해 국립문서보관소National Archives에서 끈기 있게 줄을 선다. 그들은 엄숙히 침묵을 유지한 채 거대한 원형 홀을 채운 금고 같은 진열 상자들 앞을 경건하게 지나간다.

오늘날 아주 엄숙하게 모셔져 있는 이 색 바랜 양피지들—한 역사가의 표현에 따르면 '미국의 성서'—은 제국적 투쟁, 군중의 폭력, 유혈 전투, 정치적 위기로 얼룩진 열광적이고 정신없던 시대에 만들어졌다. 이것들은 치열한 토론, 냉정한 타협 그리고 정치인들—독립을 옹호하는 논리를 개발하고 새로운 국가의 통치 체계를 만들어낸—의 지적 창조성을 반영하고 있다.

┃고조되는 긴장

칠년 전쟁으로 부채를 떠안게 된 영국은 식민지들에서 더 많은 세금을 뽑아내는 일에 착수했다. 영국이 보기에 이것은 공정한 조치였는데, 영국군이 식민지들에 위협이 된 프랑스군을 몰아냈기 때문이다. 하지만 이러한 조치는 수많은 이주민을 화나게 했다. 영국 의회에 그들의 대표가 없었기 때문이다.

1764년 영국 의회는 첫 번째 조치로 설탕법Sugar Act*을 제정해 식민지들이 서인도제도의 프랑스 식민지들에서 수입하는 당밀의 세금을 낮추는 대신 다른 수많은 수입품의 세금을 인상했다. 밀수를 막기 위해 식민지들의 선박을 엄하게 조사하기 시작했고, 발각된 밀수 사건은 식민지들의 관대한 치안판사가 아닌 영국 판사가 지휘하는 해사법원Admiralty Court으로 이관했다.

이어서 1765년에는 인지세법Stamp Act이 등장했다. 이 법은 이주민이 신문, 자격증, 법률 문서를 제작하려면 특별한 도장이 찍힌 종이만 쓸 수 있도록 했다. 심지어는 게임용 주사위와 카드에도 세금을 부과했다. 설탕법이 세입을 증대하고 무역을 규제하는 이중의 목적에 이바지하는 것이라면, 인지세법의 유일한 목적은 세금을 인상하는 것이었다. 더 거슬리는 것은 인지세법과 같은 해에 만들어진 숙영법Quartering Act이었는데, 이 법은 식민지들에 주둔하는 영국군이 숙식을 요청하면 무조건 제공하도록 규정했다.

---

* 설탕법은 사탕조례, 인지세법은 인지조례라고도 한다.

영국은 이주민이 군사적 보호와 상거래의 특혜를 누리면서도 본국에 거주하는 영국인보다 낮은 세금을 내고 있다는 사실을 지적했다. 하지만 식민지들의 논리는 명확했다. 대표가 없는 한 그 어떤 과세도 권리를 침해한다는 것이었다. 버지니아의 시민원House of Burgesses*에서는 패트릭 헨리Patrick Henry가 인지세법을 폐기하자는 결의안을 제출했다. 식민지들의 저항은 보스턴에서 폭력 사태로 불거졌다. 그곳에서 군중은 세금 징수원을 본뜬 인형을 만들어 목을 매달고, 인지세법을 옹호한 매사추세츠 최고법원장 토머스 허친슨Thomas Hutchinson의 저택을 파괴했다. 1765년 10월 아홉 개 식민지의 대표들이 뉴욕에서 만났다. 이 인지세법 회의Stamp Act Congress는 식민지들의 연대를 확고하게 선언하고, 세금을 부과하는 영국 의회의 권리를 부정하는 결의안을 채택했다. 저항이 계속되자 영국 의회는 1766년 인지세법을 철회했으나, 한편으로는 식민지들에 적용하는 법을 영국 의회가 제정할 수 있음을 확인하는 선언법Declaratory Act을 통과시켰다.

인지세법이 철회되고 식민지들에서 인기 있는 피트가 영국의 새로운 수상이 되면서 긴장은 누그러졌다. 하지만 얼마 지나지 않아 영국 의회의 지도자 자리는 병든 피트에서 고집 센 재무장관 찰스 타운센드Charles Townshend로 넘어갔다. 1767년 영국 의회는 식민지들이 수입한 다양한 상품에 일명 '타운센드 관세'를 부과하는 법들과 아메리카 관세국 위원American Board of Customs Commissioners이라고 하는 새로운 세

---

* 식민지 시대 버지니아의 하원이다. 'burgess'는 '시민'을 뜻한다.

금 징수 제도를 도입했다. 식민지들의 저항을 진정시키기 위해 타운센드는 새로운 관세를 인지세법 같은 내국세와 구별했다.** 그러나 《펜실베이니아에 사는 농부의 편지Letters from a Farmer in Pennsylvania》(1767)라는 소책자에서, 필라델피아 변호사 존 디킨슨John Dickinson은 이러한 구별을 거부하며 영국 의회는 식민지들에 세금을 부과할 수 없다고 주장했다.

분쟁이 격화되자 보스턴의 새뮤얼 애덤스Samuel Adams는 〈매사추세츠 회람 문서〉***를 모든 식민지에 유포해 영국 의회의 행위를 비난했다. 몇몇 식민지의 입법부가 지지를 표명했다는 이유로 총독들에게 해산당했다. 그러자 인지세법을 반대하기 위해 형성된 느슨한 조직이었던 자유의 아들들Sons of Liberty이 되살아나서 영국 수입품 불매 운동을 촉구했다. 1768년 6월 보스턴의 군중이 상인 존 핸콕John Hancock 소유의 선박—적절하게도 선박 이름이 '자유Liberty'였다—을 몰수한 세관원들을 공격했다. 기세가 꺾인 영국 의회는 1770년 타운센드 관세 대부분을 폐기했으나, 식민지들이 수입한 차에 대한 세금만은 유지함으로써 권위를 세우고자 했다. 그리고 보스턴에 4,000명의 영국군을 배치했다.

1770년 3월 5일에는 보스턴 세관을 경비하던 영국군이 돌팔매질하

** 타운센드는 인지세법 같은 내국세는 불법이지만, 식민지들에서 수입하는 물품에 부과하는 세금은 합법이라고 주장했다.

*** 타운센드 관세에 반대하는 주장을 담은 성명서로 메사추세츠만 식민지의 하원에서 승인받았다.

는 시위대에게 발포해, 아프리카계 미국인 선원 크리스퍼스 애턱스Crispus Attucks를 포함한 다섯 명이 목숨을 잃었다. '보스턴 학살'에 대한 충격은 빠르게 퍼져나갔는데, 보스턴의 은세공인 폴 리비어Paul Revere가 그린 선동적인 판화가 분노를 부채질했다.

1772년에는 애덤스의 촉구에 따라 매사추세츠의 타운들이 식민지들의 불만 사항을 전 세계에 알리기 위해 여러 통신위원회를 설립, 조직적으로 저항했다. 다른 식민지들도 이것을 그대로 따라 했다. 이러한 경고 신호를 무시하고, 영국 의회는 1773년 지나치게 많이 쌓인 차를 처분하기 위해 분투하는 영국 동인도회사를 돕고자 차세법Tea Act을 통과시켰다. 이 법은 수입 관세를 낮춤과 동시에, 영국 동인도회사가 특별 대리인들을 거쳐 식민지들에 독점적으로 차를 팔 수 있게 했다.

보스턴이 다시 저항의 근거지가 되었다. 1773년 12월 16일 밤 소란스러운 타운 모임이 끝난 이후, 인디언으로 위장한 50여 명이 영국 선박에 올라 실려 있던 차 상자 342개를 항구에 던져버렸다. '보스턴 차 사건'은 영국을 격노하게 했다. 영국 의회는 (미국에서 '참을 수 없는 법'이라고 부르는) 일련의 강압법Coercive Act을 통과시켜, 항구를 폐쇄하고 보스턴을 직접 지배하에 두었다. 이어서 가톨릭교도가 모여 있는 퀘벡의 경계를 애팔래치아산맥의 서쪽 지역까지 포함하도록 확장함으로써, 대부분 개신교도로 구성된 식민지들을 불안하게 했다.

1774년 9월에는 조지아를 제외한 열세 개 식민지 전체의 대표들이 필라델피아에 모였다. 이 첫 번째 대륙회의는 강압법들을 비난하고,

영국 수입품 불매 운동을 승인하며, 군사적 준비를 재가했다. 동시에 조지 3세George III에 대한 충성을 공개적으로 선언하고, 그에게 영국 의회의 억압적인 조치들을 저지해줄 것을 강력히 촉구했다.

▍독립을 위한 소송

식민지들에서 수많은 정치인, 팸플릿 저자, 종교 지도자가 신문 논평, 팸플릿, 설교를 맹렬하게 생산했다. 그중에는 독립에 찬성하는 사람도 있었고, 협상이나 타협을 선호하는 사람도 있었다. 이제는 총독이 된 매사추세츠의 허친슨은 영제국British Empire의 일부로 남아 있을 때 얻는 경제적·군사적 이득이 "영국인의 자유*라고 불리는 것what are called English liberties"보다 확실히 더 크고 중요하다고 주장했다. 하지만 영국 의회의 세금과 규제 조치를 비난하는 사람이 대부분이었다. 인상적이게도 그들은 영국 자체의 역사, 특히 1689년의 명예혁명에서 근거를 찾았다. 명예혁명은 제임스 2세의 절대주의적 권리 요구를 거부하고 입헌 군주제를 수립했던 사건이다. 그들은 영국의 몇몇 급진주의자가 내놓은 의견을 그대로 수용해, 영국 의회에 있는 토지 소유 귀족들이 국왕과 공모해 개인의 권리를 짓밟고 있다고 주장했다. 1689년 영국 의회가 국왕에게 저항했던 것과 마찬가지로, 이제 영국 의회가 저항에 부딪히게 될 것이었다. 그들은 특히 저널리스트이자

＊ '영국인의 자유'는 영국에서 개인의 자유를 옹호하는 말—1680년경 출간된 책에서 처음 언급되었다—이다. 13세기 〈대헌장〉에서 비롯된 이후 18세기까지, 전제 정치를 비판한다는 의미로 영국과 식민지들에서 사용되었다.

영국 의회의 개혁을 주장한 의원인 존 윌크스John Wilkes를 존경했다.

또한 로크의 이론에 크게 의지했다. 그는 《통치론Two Treatises of Government》(1690)에서 모든 사람은 생명, 자유, 재산에 대해 자연적 권리를 소유하고, 모든 정부는 이 권리들을 보호하기 위해 존재하며, 피지배자의 동의가 정치적 정당성의 유일한 기초라고 주장했다. 정치적 싸움판에는, 마치 오늘날의 미국처럼, 종교 지도자도 뛰어들었다. 특히 영국 국교회 성직자 가운데 일부는 영국에 대한 충성을 촉구하고, 다른 일부는 영국을 고발하는 일에 앞장섰다. 후자의 경우 성서와 개신교 신앙이 이주민의 정당한 대의명분을 뒷받침한다고 주장했다. 어떤 이는 조지 3세와 그의 각료를 적그리스도, 즉 〈요한계시록〉이 예언한 악마 같은 통치자로 보았다.

대중적 수준에서는, 시위대가 타운 광장에 자유의 기둥을 세우고 자신들의 대의명분을 지지하는 노래를 불렀다. 《보스턴 가제트Boston Gazette》에 실린 한 시는 이렇게 시작된다.

아메리카 대륙의 용감한 사람 모두, 손에 손을 잡고서
저 공정한 자유의 외침에 너의 대담한 가슴을 깨워라.

저항이 심해지면서 전쟁이 바싹 다가왔다. (이제는 채텀 경Lord Chatham이 된) 피트의 회유와 이주민을 옹호하는 에드먼드 버크Edmund Burke의 유창한 연설을 무시하고, 1775년 2월 7일 영국 의회는 매사추세츠가 반란 상태에 있다고 선언했다. 그리고 보스턴에 주둔한 영국군의 지휘관, 토머스 게이지Thomas Gage 장군에게 반란을 진압할 권한을 부여했다.

4월 19일에는 700명의 레드코트redcoat* 가 무기 은닉처를 장악하기 위해 보스턴에서 인근의 콩코드로 행군했다. 리비어와 윌리엄 도스 William Dawes가 말을 타고 전속력으로 달려서 영국군이 오고 있다는 사실을 알렸다. 이에 경유지인 렉싱턴에서 무장한 이주민이 영국군과 맞섰다가 여덟 명이 죽었다. 이후 콩코드에서 아무런 무기도 찾지 못한 영국군은 총탄이 빗발치는 가운데 보스턴으로 회군했다. 이날 영국군 사상자는 270명이 넘었고, 이주민 사상자는 100명 정도였다. 6월 17일에는 영국군이 보스턴이 내려다보이는 벙커힐과 브리즈힐을 점령한 이주민을 공격했다. 영국군 사상자는 1,000명이 넘었고, 이주민 사상자는 300명 정도였다.

필라델피아에서는 다시 한번 대륙회의가 열려 조지 3세에게 '올리브 가지 청원'이라고 불리는 마지막 호소문을 보냈다. 이 청원서는 여전히 영국 왕에게 충성을 표했지만, 보스턴에서 사격을 중지할 것, 강압법들을 폐지할 것 그리고 논란이 된 문제들을 함께 협상할 것을 촉구했다. 영국 왕과 의회는 대륙회의가 '워싱턴이 지휘하는 대륙군 Continental Army**'을 승인했다는 사실을 알고 있었으므로, 이 형식적인

---

* 당시 영국군을 부르던 말로, 그들이 붉은색 코트를 입었기 때문이다. 이때까지는 미군과 구별되는 영국군이라는 개념이 없었으므로, 레드코트라고 불렸다.

** 독립전쟁이 닥치자 대륙회의는 열세 개 식민지의 군대를 모아 대륙군을 조직했다. 워싱턴이 총사령관을 맡았다.

청원을 받아들이지 않았다.

혁명적인 상황에서는 때때로 단 하나의 사건이 망설임을 돌이킬 수 없는 행동으로 바꾸어놓는 결정적인 기폭제가 될 수 있다. 그러한 사건이 1776년 1월 벌어졌다. 얼마 전 영국에서 이민 온 토머스 페인Thomas Paine이 감동적으로 독립을 주장하는 선동적인 소책자《상식Common Sense》을 출간한 것이다. 그는 "정당하거나 합리적인 모든 것이 분리를 옹호한다"라고 선언했다. "살해당한 사람들의 피, 자연의 울음소리가 외치고 있다. 갈라설 시간이다." 운명론에 호소하면서 그는 이렇게 주장했다. "우리의 대의는 대체로 모든 인류의 대의다. …… 우리에게는 세계를 다시 시작할 능력이 있다." 심지어 조지 3세를 "왕실의 짐승"이라고 비난했다.《상식》이 식민지들에 들불처럼 퍼져나가면서 애국파의 명분 또한 강해졌다.

▌독립 전쟁

"이 연합 식민지들은 자유롭고 독립적인 주들이며, 당연한 권리로 자유롭고 독립적인 주들이어야 한다." 1776년 봄 대륙회의의 한 위원회가 버지니아의 농장주이자 정치 지도자인 토머스 제퍼슨Thomas Jefferson을 주요 저자로 해 초안을 작성한 선언문은 이렇게 선포했다. 선언문은 조지 3세가 이주민의 "생명life, 자유liberty, 재산property"에 대한 자연권을 부정했음과 "절대적인 전제 정치"를 위해 자행한 "학대와 착취"의 목록을 열거했다. 수정 과정에서 대륙회의는 "재산"(로크가 공식화한 어구)을 더욱 공감을 불러일으키는 어구인 "행복 추구pursuit

COMMON SENSE;

ADDRESSED TO THE

INHABITANTS

OF

AMERICA,

On the following interesting

SUBJECTS.

I. Of the Origin and Design of Government in general, with concise Remarks on the English Constitution.

II. Of Monarchy and Hereditary Succession.

III. Thoughts on the present State of American Affairs.

IV. Of the present Ability of America, with some miscellaneous Reflections.

Man knows no Master save creating HEAVEN,
Or those whom choice and common good ordain.

THOMSON.

PHILADELPHIA;
Printed, and Sold, by R. BELL, in Third-Street.
MDCCLXXVI.

《상식》의 앞표지. 이 자그마한 책이 식민지들을 휩쓸면서, 영국과의 관계 단절을 앞당기고 독립전쟁을 일으키는 데 이바지했다.

of happiness"로 바꾸었다. 7월 4일 대륙회의는 〈독립선언문〉을 채택했는데, 현재 국립문서보관소에 소중하게 보관되어 있다. 대륙회의는 첫번째 공식 외교 행위로, 벤저민 프랭클린Benjamin Franklin을 특사로 파리에 급파했다. 평판 좋은 필라델피아 정치인이자 시민들의 지도자인 프랭클린은 절대적으로 필요했던 프랑스의 차관을 확보하고 '갓 태어난 국가'를 위한 군사적 지원을 얻어냈다.

독립을 향한 움직임은 식민지들을 분열시켰다. 캐나다는 대의에 동참하라는 대륙회의의 호소를 못 들은 체했다. 설탕 농장주가 많은 카리브해 지역의 식민지들도 아무런 관심을 보이지 않았다. 대륙의 열세 개 식민지에서조차, 백인 인구의 약 20퍼센트에 해당한 왕당파는 경제적·직업적·개인적 이유로 독립에 반대했는데, 여기에는 쉽게 사라지지 않는 영국에 대한 애착, 또는 혁명이 불러올 혼란에 대한 두려움이 영향을 미쳤다. 사람들의 배척과 심지어는 폭력에 직면해 많은 왕당파가 영국이나 캐나다로 달아났다.

서로를 향한 적대 행위가 시작되었을 때, 영국군과 대륙군은 나름의 강점과 약점을 지니고 있었다. 영국군은 경험 많은 지휘관과 독일 용병이 뒷받침하는 강력한 해군과 육군을 보유하고 있었다. 하지만 보급선補給線이 길어 전통적인 군사 전술, 또는 치밀한 작전을 펼치기가 매우 어려웠다.

대륙군은 낮은 급료를 받는 시민 병사에게 의존하고 있었는데, 이들은 복무 기간이 끝나거나 농장일이 있을 때면 부대에서 도망치곤 했다. 하지만 결정적 이점이 있었으니, 대륙군은 안마당에서 싸우고 있었고, 꾸준하게 전략, 전술을 개발하고 다듬는 워싱턴을 총사령관으로 두고 있었다. 무엇보다도 프랑스, 스페인, 네덜란드가 영국을 견제할 요량으로 중요한 전략적 지원을 제공해주었다. 외국에서 온 지원병도 힘을 보탰다. 프랑스에서 건너온 21세의 라파예트 후작Marquis de Lafayette은 워싱턴의 부관으로 복무했다. 프로이센의 프리드리히 폰 슈토이벤Friedrich von Steuben 장군은 규율이 잡히지 않은 대륙군을 훈련하고 무기와 전술의 표준 교범을 마련하는 데 결정적인 역할을 했다.

콩코드와 벙커힐에서 낭패를 겪은 후, 영국군은 보스턴을 떠나 윌리엄 하우William Howe 장군의 지휘 아래 롱아일랜드로 이동, 버지니아주와 매사추세츠 사이를 갈라놓는 데 전념했다. 롱아일랜드 앞바다에는 윌리엄의 형인 리처드 하우Richard Howe 제독이 이끄는 해군 함대가 머물러 있었다. 윌리엄은 몇 차례의 소규모 전투에서 대륙군을 꺾고, 1776년 9월 왕당파의 거점인 뉴욕시를 점령했다. 뉴저지를 가로질러 후퇴하던 대륙군은 델라웨어강을 건너 펜실베이니아주로 들어갔다. 뉴저지에서 대륙군이 영국군을 성공적으로 기습하면서 애국파의 사기가 오르기도 했지만, 1777년 9월 브랜디와인 크리크Brandywine Creek에서 윌리엄이 이끄는 영국군에게 패배하고 필라델피아를 빼앗겼다. 녹초가 된 대륙군은 인근 밸리 포지Valley Forge에서 비참한 겨울을 보냈다. 페인은 1776년부터 1783년까지 발행한 새로운 소책자《위기The American Crisis》에서 "지금은 인간의 영혼을 시험하는 시간이다"라고 심정을 밝혔다.

그사이 존 버고인John Burgoyne 장군이 이끄는 영국군은 퀘벡에서 챔

플레인호와 허드슨강을 따라 남쪽으로 이동해, 뉴욕에서 허드슨강을 따라 올라오는 윌리엄과 결합하려고 했고, 영국-이로쿼이 동맹군은 서쪽에서 진격해 뉴잉글랜드를 차지하려고 했다. 하지만 버고인의 영국군은 민병대와 허레이쇼 게이츠Horatio Gates 장군이 지휘하는 애국파 군대의 공격으로 기세가 꺾였다. 1777년 10월 17일 뉴욕 새러토가에서 버고인이 항복했다. 이를 계기로 (비밀리에 자금을 지원하고 있던) 프랑스가 식민지들의 독립을 인정하고 직접적인 군사 원조를 약속했다. 네덜란드와 스페인도 식민지들의 대의를 지지했다.

영국군은 북부를 전략적으로 포기하고 남부를 공략했다. 1778년부터 1779년까지 영국군은 조지아를 장악하고, 1780년 5월에는 찰스턴을 점령했다. 1780년 8월 사우스캐롤라이나에서 벌어진 캠던 전투에서 조지 콘월리스George Cornwallis 장군의 영국군이 애국파 군대를 이겼다. 하지만 너대니얼 그린Nathanael Greene이 지휘하는 애국파 군대가 캐롤라이나 오지에서 전투를 벌여 형세를 뒤집는데, 이 전투에서 고문과 민간인 대량 학살이 자행되었다.

1781년 봄 콘월리스는 약해진 자신의 군대를 이끌고 버지니아주의 요크타운반도로 행군해 증원군과 보급품을 기다렸다. 하지만 펜실베이니아주에서 재배치된, 워싱턴의 대륙군이 그들을 성공적으로 봉쇄했다. 바다에서는 프랑스 함대가 그들의 탈출을 막았다. 1781년 10월 19일 군악대가 〈세상이 거꾸로 뒤집혀버렸네The World Turned Upside Down〉*

---

* 이 곡을 연주했다는 이야기가 전설처럼 전해지지만, 믿을 만한 증거는 존재하지 않는다.

를 연주하는 가운데, 콘윌리스는 항복했다.

이후 1782년 매사추세츠 출신의 융통성 없는 도덕주의자 존 애덤스John Adams와 세속적인 프랭클린이라는 기묘한 조합으로 구성된 평화위원회가 파리에서 영국 측 대표단을 만났다. 그렇게 협상은 시작되었고, 이듬해 파리조약이 체결됨으로써 영국은 미국 독립을 인정하게 되었다.

▌승리의 여러 의미

비록 공식적인 정치 참여에서는 배제되었지만, 식민지들의 수많은 여성이 영국 수입품 불매 운동에 참여함으로써 애국파의 대의를 지원했다. (커피의 국민적 선호는 바로 이때부터 시작되었다.) 영국의 방직물을 손으로 짠 직물로 대체한 것은 영국 의회의 과세에 대한 여성의 저항을 알리는 신호탄이었다.

전쟁 중에 여성은 집을 비운 남편과 아버지를 대신해 농장을 운영하며 관리 경험을 쌓았다. 자신들을 '자유의 딸들Daughters of Liberty'이라고 칭한 필라델피아의 엘리트 여성들은 대륙군을 위해 기금을 모았다. 몇몇 여성은 혁명의 이데올로기에서 젠더적 함의를 인지했다. 애덤스의 아내 애비게일 애덤스Abigail Adams는 1776년 남편에게 반半농담조로 이렇게 경고했다. 새로운 정부를 기획하는 사람들이 "여성들을 기억"하지 않는다면, 그래서 "우리가 목소리도 내지 못하고 대표단도 지니지 못하는 법률이 제정된다면, 우리는 그런 법률에 속박당하지 않을 거예요."

인디언은 위태롭게도 제국적 투쟁이 한창일 때 행동을 시작했다. 1763년 오대호 주변의 인디언은 '폰티액 반란Pontiac's Rebellion'으로 알려진 봉기를 일으켜 영국군 요새들을 공격했다. 그해 맺어진 파리조약은 인디언의 권리를 존중한다는 내용을 담았지만, 이주민이 서부로 밀고 나아가면서 충돌은 계속되었다. 독립 전쟁 기간 내내, 경제적 이해관계, 토지 분쟁, 여타의 고려 사항들이 각 부족의 충성도와 동맹에 영향을 미쳤다. 노스캐롤라이나 오지에서 체로키족Cherokee은 영국과 동맹을 맺고, 영토를 침입하는 이주민을 공격했다. 오하이오강 이북의 노스웨스트 준주Northwest Territory*에서는 버지니아주 출신 젊은이, 조지 R. 클라크George R. Clark가 지휘하는 민병대가 쇼니족Shawnee, 델라웨어족Delaware, 와이언도트족Wyandot, 밍고족Mingo을 잔인하게 공격했다. 뉴욕 북부 지역에서는 친親영국 성향의 이로쿼이족이 투스카로라족Tuscarora 및 오나이더족Oneida 전사들과 동맹을 맺은 대륙군과 싸웠다. 결과적으로 영국의 패배는 이주민이 인디언의 영토로 팽창하는 것을 촉진했다. 그들 각자에게 승리는 전혀 다른 의미였다.

대부분 노예로 식민지에 살고 있던 50만 명 이상의 아프리카계 미국인에게, 제국적 충돌은 기회이자 위기였다. 1772년 런던의 한 법정이, 주인이 영국으로 데리고 온 노예 제임스 서머셋James Somerset을 자유롭게 하자, 식민지들의 많은 노예가 영국을 자유의 불빛으로 생각하고 기대를 걸었다. 1775년 버지니아 총독 던모어 경Lord Dunmore이

---

* 준주는 주의 자격을 얻지 못한 행정구역으로, 주보다 자치 권한이 적었다.

영국군에 지원하는 신체 건강한 남성 노예의 자유를 약속했을 때는 무려 1,000명 정도가 나섰다. 결국 남부에서는 약 2만 명의 노예가 영국 편에 가담했다. 하지만 그중 소수만이 자유를 얻었다. 대부분은 병으로 죽거나 아니면 다시 붙잡혀 노예가 되었다.

이와는 대조적으로 북부에서는 많은 노예와 자유민 신분의 아프리카계 미국인이 애국파의 대의를 지지했다. 일부는 민병대나 대륙군에 입대했다. (그 자신이 노예주奴隸主였던) 워싱턴은 대륙군에서 복무하는 노예에게 자유를 부여하자는 제안에 대해, "(그러한 자유가) 가만히 노예제도 안에서 살아가는 사람을 진저리나게 할" 것이라고 간결하게 경고하면서 거부했다. 그렇지만 자연권에 관한 논의는 노예제도의 모순을 돋보이게 했고, 북부 전역에서 노예제도 폐지 정서를 자극했다. 가까스로 탈출한 한 노예는 나중에 이렇게 회상했다. "자유의 깃대를 보았을 때 그리고 모든 사람이 그것에 대고 자유를 지지한다고 서약하는 것을 보았을 때, 저는 기뻐서 어찌할 바를 몰랐습니다." 노예제도 폐지까지는 앞으로 몇십 년이 더 걸릴 테지만, 독립 전쟁은 그 토대를 놓았다.

▌헌법 제정과 공화주의 정부의 등장

독립을 선언했으니, 정부를 꾸리는 문제가 남았다. 전쟁이 한창이던 1777년 대륙회의는 연합 규약Articles of Confederation을 채택했다. 이 틀 안에서 대륙회의는 몇 가지 주목할 만한 업적을 남겼다. 가장 대표적인 것이 애팔래치아산맥, 오대호, 미시시피강, 오하이오강으로 구획된 영토에 새로운 주들이 들어설 수 있도록 1787년 도입한 북서부 토지 조례Northwest Ordinance*다. 이 조례는 토지를 매매해 공교육에 자금을 조달하게 했다. 또한 그 지역 안에서 노예제도를 금지하고 인디언의 재산과 권리, 자유 등을 보장하도록 했다. 하지만 인디언에 관한 사항은 잘 지켜지지 않았다.

이러한 업적을 달성하기는 했지만, 연합 규약은 허약한 것으로 판명 났다. 행정부와 사법부가 없고, 인구수와 관계없이 하나의 주가 하나의 표를 행사해 선출하는 단원제 의회만이 있었다. 이 의회는 화폐를 발행하고 우편물을 배달하며 조약을 체결할 수는 있었지만, 세금을 부과하고 무역을 규제하며 군대를 모집할 수는 없었다. 영국 의회의 월권 행위에 대한 기억이 여전히 생생한 가운데, 연합 규약은 의도적으로 '연약한' 중앙정부를 만들어 각 주에 완전한 주권을 보장해주었다. 그런데 독립 전쟁 직후 불어닥친 불황이 이러한 연약함을 극대화했다. 사회 불안과 채무 구제에 대한 요구는 1786년 매사추세츠에서 일어난 농민 봉기, 즉 '셰이스의 반란Shays's Rebellion'으로 절정에 달했다. 이러한 사태는 보수주의자와 부자를 불안하게 해 강력한 중앙정부를 요구하는 목소리로 이어졌다.

1787년 2월 의회는 연합 규약을 개정하기 위해 모든 주에 필라델피아로 대표를 파견해달라고 요청했다. 수입 관세를 부과하는 권력이

---

* 정식 이름은 '오하이오강 북서부 합중국 영토의 통치에 관한 조례(An Ordinance for the Government of the Territory of the United States, North-West of the River Ohio)'다. '북서부조례'로도 불린다.

상실될까 걱정한 로드아일랜드주를 제외하고 모든 주가 요청에 응했다. 5월에 모임을 연 대표들은 연합 규약을 완전히 파기하고 새로운 헌법을 만드는 일에 착수하기 시작했다.** 무더운 여름 내내 그들은 자신이 속한 주의 이해관계를 옹호하고, 정치적·사회적 견해를 주고받으며, 식민지 시대에 쌓은 오랜 자치 경험을 토대로 논쟁을 벌였다. 이윽고 그들은 양원제 의회를 창설함으로써 큰 주와 작은 주의 차이를 해결했다. 각 주에서 두 명의 의원을 선출해 상원을 구성하고, 인구수에 비례해 뽑은 대표단이 하원을 구성하도록 규정했다.

버지니아주의 제임스 매디슨James Madison이 기록한 토론을 보면, 정치 이론과 고대부터 현재까지 존재한 정체들에 관한 대표들의 해박한 지식을 알 수 있다. 많은 사람이 로크식의 자연권 이론—또한 스코틀랜드 철학자 데이비드 흄David Hume의 이론—을 인용하며, 정부의 적법성의 원천을 대중의 동의에서 찾았다. 그들은 또한 몇몇 공화주의 이론가를 언급했는데, 그중에는 시민적 덕성과 공익을 정치적 안정을 위한 장치로 간주한 르네상스 시대 피렌체의 정치인 니콜로 마키아벨리Niccolò Machiavelli가 포함되어 있었다. 토머스 홉스Thomas Hobbes의 《리바이어던Leviathan》(1651)과 칼뱅주의 신학에 영향받은 보수 성향의 대표들은 사회 혼란과 내전—홉스가 "만인에 대한 만인의 전쟁"이라고 불렀던 것—을 막기 위해 강력한 정부가 필요하다고 강조했다. 독재를 막는 안전장치로 권력 분립을 옹호하는, 프랑스 이론

** 당시 모임을 '필라델피아 제헌의회(Philadelphia Convention)'로 부르기도 한다.

가 몽테스키외Baron de Montesquieu의 《법의 정신Spirit of the Laws》(1748)도 영향을 미쳤다.

그렇게 작성된 헌법 초안은 전제 정치―그들이 전쟁을 벌일 정도로 저항한 위험―에 대한 대표들의 공포를 반영했다. 연방 정부와 주들 사이에 권력을 나눔과 동시에, 또한 연방 정부 자체의 권력을 조심스럽게 세 부문으로 나누었다. 양원제의 입법부, 대통령이 이끄는 행정부, 대통령이 지명하고 상원의 승인을 거쳐 선발된 법관들로 구성되는 대법원을 지닌 사법부가 그것이다. 각 부문은 견제와 균형으로 서로의 권력을 제한했다. 예를 들면, 대통령은 의회가 통과시킨 법안에 거부권을 행사할 수 있지만, 상원과 하원 각각에서 의원의 3분의 2가 찬성하면 이 거부권을 다시 뒤집을 수 있었다. 군주와 세습 귀족의 시대에, "우리 합중국 인민은We the people of the United States"이라는 표현으로 시작하는 헌법은 선거로 인민에게 책임지는 공화국을 설립했다.

그러나 헌법은 또한 민주주의―군중의 지배(중우정치)와 연관된 개념으로서―에 대한 대표들의 의심을 드러냈다. 상원의원은 대중의 직접선거가 아니라, 각 주 입법부의 판단으로 선출될 것이었다. 시민은 대통령 선거에서 자신이 지지하는 후보에게 직접 투표하는 것이 아니라, 지지를 대신할 선거인단에게 투표하게 될 것이었다. 무엇보다 재산을 소유한 남성만이 투표하게 될 것이었다. (헌법은 각 주의 입법부 가운데 하원 선거에 투표할 자격을 갖춘 모든 사람에게 연방 선거의 투표권을 부여했다. 그런데 당시 모든 주는 하원 선거의 투표권 행사에 자격 요건을 부과했다.) 노예주奴隷州, slave state들의 고집으로 노예제도가 헌법에 포함되었다. (공화국의 헌법에서 노예제도를 언급하는 것이 내키지 않았던 대표들은 완곡하게 "그 밖의 모든 사람all other Persons"[1조 2항]과 "복역과 노역에 처한 사람Persons held to service or labor"[4조 2항]이라고 표현했다.) 헌법은 한 주에서 다른 주로 도피한 노예를 주인에게 돌려보내도록 요구했고, 주에 할당된 연방 하원의원과 선거인단의 수를 계산할 때 노예 인구의 5분의 3을 반영하도록 규정했으며, 심지어는 노예무역이 20년 동안 계속되도록 허가했다.

9월 비준을 위해 헌법을 각 주의 입법부에 제출하자,* 각계각층에서 의심을 품었다. 소농 세력은 도시의 상업 세력과 금융 세력을 두려워했다. 버지니아주의 헨리를 포함한 강경한 반대자들은 헌법이 독재의 망령을 불러냄으로써 개인이나 주의 권리를 보호하는 데 실패했다고 비난했다. 그러나 '연방주의자'로 불린 헌법 지지자 중에는 독립 전쟁의 가장 저명한 지도자들이 포함되어 있었다. 그들은 반대자들이 품는 두려움을 어떻게 해소할지 고심하면서, '권리장전Bill of Rights'을 지지하겠다고 서약했다. 권리장전은 1791년이 되면 열 개의 수정 조항 형태로 헌법에 추가되는데, 수정 조항은 연방 정부에 명확하게 부여되지 않은 모든 권력은 각 주나 인민이 보유한다는 항목을 포함했다.

---

* 헌법 초안은 1787년 9월 17일 만들어졌다. 헌법의 효력이 발휘되려면 열세 개 주 가운데 아홉 개 주가 비준해야 했다.

비준 논의와 정치 이론의 방대한 문헌화에 가장 많이 공헌한 것은 《연방주의자*The Federalist*》였다. 《연방주의자》는 '푸블리우스Publius'라는 필명으로 1787년부터 1년여간 뉴욕시의 신문들에 기고된 85개의 논설을 엮은 책인데, 대부분은 알렉산더 해밀턴Alexander Hamilton과 매디슨이 쓰고 몇 개는 존 제이John Jay가 썼다. 해밀턴은 강력한 연방 정부를 옹호했지만, 매디슨은 권력의 견제와 균형을 강조했다. 매디슨은 〈연방주의자 논고 10호〉에서 공화주의 정부는 큰 국가에서 성공할 수 없을 것이라는 두려움을 정면으로 반박했다. 그의 주장에 따르면, 미국의 다양한 경제적·지리적 이유로 이익 집단들이 서로 견제하고 균형을 맞춤으로써, 결국 전체적인 안정이 확보될 것이었다.

헌법에 대한 여론은 점차 호의적으로 변했고 1788년 여름에 이르면, 아홉 개 주가 비준해 효력을 발휘하게 되었다.* 여기에는 매사추세츠주와 버지니아주 그리고 의심을 품고 있던 뉴욕주가 포함되어 있었다. 그해 12월 첫 번째 연방 선거**에서 워싱턴이 만장일치로 대통령으로 선출되었다. 1789년 4월 30일 뉴욕시에서 워싱턴은 자신의 군복이 아니라 갈색 정장을 입고 취임 선서를 했다. 각양각색의 존칭이 제안되었지만, 워싱턴은 자신이 좋아하는 호칭을 분명히 밝혔는데, 그것은 바로 '미스터 프레지던트Mr. President'였다.

---

* 1787년 12월 델라웨어주가 처음 비준했고, 1788년 6월 21일 뉴햄프셔주가 아홉 번째로 비준했다. 이로써 헌법이 효력을 발휘하기 시작했다.

** 1788년 11월 '연방 선거법'이 먼저 승인되고, 실제 선거는 12월에서 이듬해 1월까지 실시되었다.

독립을 선언한 1776년 이후 13년간 열세 개 식민지는 독립을 쟁취하고 새로운 국가를 수립했다. 1787년 만들어진 헌법은 비록 노예제도에 대한 언급으로 논란이 있었지만, 근대 공화주의 정부를 처음으로 창조한 주목할 만한 업적임이 분명하다. 다음 몇 세기에 그것은 작성자들의 비전에 충실하면서도, 변화된 상황에 적응할 수 있다고 판명 날 것이었다.

긴급한 국내 문제들을 처리하고 국제 사회에 첫발을 디디면서 미국은 어떤 일들을 맞닥뜨리게 되었을까. 이제 그것을 살펴보아야 한다.

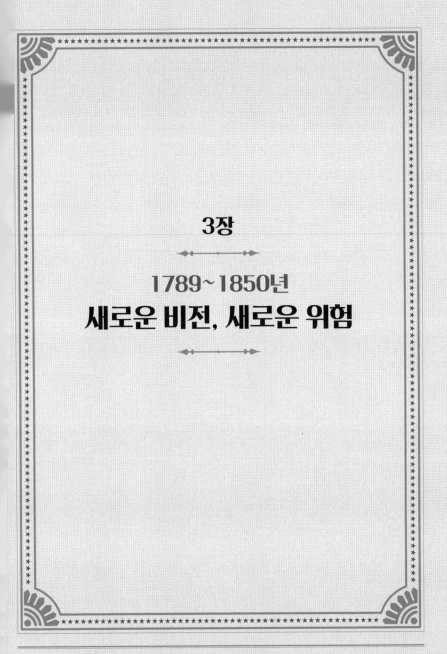

3장

1789~1850년
새로운 비전, 새로운 위험

새로운 국가가 형태를 갖추면서, 내부적으로는 정당들이 출현하고 외부적으로는 미국의 외교관들이 영민하게 국제적 과업을 수행했다. 그 와중에 사회적·경제적 변화, 개혁주의적 열의와 종교적 동요, 어떤 이들이 거창하게 '미국 르네상스'라고 부른 문화적 창조성의 급격한 발현이 일어났다. 한 역사가는 이 모든 것을 하나의 문구로 요약했다. 바로 '자유의 동요Freedom's ferment'다.

▌ 정당의 탄생

워싱턴은 1797년 두 번째 대통령 임기를 마치고 2년 뒤 사망했을 때, 이미 위인의 반열에 올라 있었다. 하원은 "전쟁에서도 으뜸, 평화에서도 으뜸 그리고 국민 마음속에서도 으뜸"이라고 칭송했다. 그러나 영웅을 위한 애도도 새로운 국가를 어지럽히고 있는 정치적 분열을 숨길 수는 없었다. 헌법은 정당을 언급하고 있지 않았다. 사실 헌법 작성자들은 바로 그런 사고를 혐오했다. 워싱턴은 1796년 고별 연설에서 "교활하고 야심 있는" 정치인이 조장한 "파벌"을 맹렬하게 비난했다.

그러나 워싱턴이 꾸린 내각의 두 구성원, 재무장관 해밀턴과 국무장관 제퍼슨은 정당 대립을 부채질하는 서로 다른 이해관계와 이념을 각각 대표했다. 해밀턴은 서인도제도의 영국 식민지 출신 이민자로 독립 전쟁 기간 워싱턴의 참모로 복무했는데, 민주주의에 대한 두려움 때문에 유산계급의 이해관계를 지지하는 강력한 정부를 옹호했다.* 그는 경제 발전을 활성화하고 정부와 상업계급의 관계를 공고히 하기 위해 1791년 합중국은행Bank of the United States을 설립했다. 이어서 대륙회의가 전시에 발행해 수많은 투기꾼이 보유하고 있던, 가치가 하락한 화폐를 정부가 액면가로 되사는 법률 제정을 밀어붙였다. 연방 정부가 각 주의 전쟁 채무를 청산해줄 것을 제안하기도 했다. 이 제안은 주로 북부 주들에 이익이었으므로, 해밀턴과 제퍼슨, 매디슨은 타협안을 모색했다. 그 결과 1790년 해밀턴의 제안을 수용하되, 국가의 수도를 남부에, 즉 버지니아주와 메릴랜드주가 양도한 땅(지금의 워싱턴 디시)에 두기로 했다.** '위스키 반란Whiskey Rebellion', 즉 연방 정부의 증류주 과세에 저항해 1794년 펜실베이니아주에서 일어

* 해밀턴은 "인간은 난폭하고 변덕스러워서, 올바르게 판단하거나 결정하는 일이 드물다"라고 했을 정도로 민주주의에 회의적이었다.

** 건국 초기 미국의 수도는 뉴욕이었다.

난 농민 반란을 진압하기 위해, 해밀턴은 군복을 입고 (워싱턴과 함께) 직접 군대를 이끌었다. 그의 지지자들은 국가의 첫 번째 정당, 즉 연방당Federalists*을 구성했다. (그의 죽음을 초래한 1804년 에런 버Aaron Burr와의 결투가 있을 때까지) 북부에 근거지를 둔 연방당은 채권자, 상인, 사업가, 부유한 지주 등의 지지를 받았다.

제퍼슨은 다른 이해관계와 세계관을 대표했다. 거대 정부와 도시를 못 미더워하면서, 그는 토지 경작자를 고결하고 이상적으로 생각했다. 그는 노예주奴隷主였지만 로크와 급진적인 이론가들의 자연권 철학을 받아들였다. 그를 중심으로 만들어진 민주공화당Democratic Republican Party은 소농과 도시 노동자뿐 아니라, 해밀턴과 연방당을 의심스러워하며 각 주의 권리를 옹호한 사람들의 지지를 받았다. 당파적인 신문 편집자들이 분열을 부추겼다.

1789년 프랑스에서 혁명이 시작되었을 때, 제퍼슨은 이를 환영했다. 혁명적 역사를 지닌 미국은 다른 곳에서 일어나는 그러한 운동을 기꺼이 받아들여야 한다고 이유를 설명했다. 그와는 대조적으로 연방당은 프랑스혁명을 끔찍하게 생각했다. 특히 프랑스 귀족이, 심지어는 프랑스 군주가 단두대에서 처형당했을 때 진저리 쳤다. 영국이 1793년 프랑스에 전쟁을 선포했을 때, 연방당은 이를 환영했다. 해밀턴의 영향력이 증대하자, 제퍼슨은 1793년 정부를 떠났다.

프랑스와 전쟁을 치르는 와중에 영국 군함들은 서인도제도의 프랑

---

* '연방파'로도 불린다.

스 식민지를 드나드는 미국 선박을 포획하고, 탈영한 것으로 의심되는 승무원을 체포했다. 이에 1795년 연방당의 제이가 영국과 협상에 나서 미국의 몇 가지 불만 사항을 처리하는 조약을 성사시키지만, 민주공화당은 그가 미국의 중립국 권리를 더욱 강하게 요구하지 못했다고 비난했다.

제퍼슨은 1796년 부통령으로 선출되었지만, 대통령은 연방당 소속의 애덤스가 되었다. 1798년 연방당은 외국인과 치안 관련 법들을 통과시켰는데, 프랑스에서 일어난 사건에 겁먹었기 때문이다. 이 법들에 힘입어 연방당 소속의 판사와 배심원이 수상쩍은 외국인뿐 아니라 제퍼슨을 지지하는 신문 편집자를 표적으로 삼아 괴롭혔다. 1800년 제퍼슨이 대통령 선거에서 승리한 것은 정당 간의 평화로운 권력 이양을 보여주는 사건이었다.

제퍼슨은 1803년 루이지애나**를 매입하며 순조롭게 임기를 시작했지만, 두 번째 임기 동안 미국의 해운업을 보호하려 한 노력은 많은 논란을 일으켰다. 영국과 (이제는 나폴레옹 보나파르트Napoléon Bonaparte가 통치하는) 프랑스가 다시 전쟁을 벌이면서, 두 나라는 미국이 각자의 상대편과 무역하지 못하게 하려고 했다. 제퍼슨의 대응, 즉 전쟁 중인 두 열강에 미국의 중립국 권리를 인정하도록 강요하기 위한 수출 금지 조치는 거의 효과가 없었고, 경제에 미치는 부정적 영향으로 크게

** 동쪽으로는 미시시피강부터 서쪽으로는 로키산맥까지를 아울렀다. 지금의 루이지애나 주는 제퍼슨이 매입한 지역의 일부다.

비난받았다. 특히 그와 민주공화당에 이미 적대적이었던 북부의 상인과 해운업자의 반발이 컸다.

1812년 제퍼슨의 후임자 매디슨은 영국이 계속해서 미국의 해운업을 방해하자 전쟁을 결단한다. 의회 내 매파War Hawks의 요청으로 미국은 캐나다를 침략하고, 이리호Lake Erie에서 몇 차례 승리하지만, 다른 곳에서는 패배했다. 설상가상으로 1814년 8월 영국군이 워싱턴 디시를 점령하고 새 대통령의 저택을 불태웠다. (영부인 돌리 매디슨Dolley Madison은 대피하면서 길버트 스튜어트Gilbert Stuart가 그린 워싱턴의 초상화를 구해냈다.)

뉴잉글랜드에서 몹시 인기 없던 '매디슨 씨의 전쟁Mr. Madison's War'* 때문에, 몇몇 연방당 정치인은 정부를 떠날지 고민했다. 하지만 유럽에서 영국의 전황이 불리해지자, 1814년 12월 벨기에 겐트에서 두 국가 간 협상이 벌어졌고 결국 전쟁을 끝낸다는 내용의 겐트조약이 체결되었다. 하지만 뉴올리언스를 포위 공격하고 있던 영국군은 이 소식을 듣지 못했고, 1815년 1월 8일 앤드루 잭슨Andrew Jackson 장군이 지휘하는 민병대와 충돌해 영국군 291명이 죽고, 1,300명이 다쳤다.

겐트조약은 미국의 불만을 거의 해결하지 못했지만, 적어도 '제2차 독립 전쟁'에서의 패배를 면했고, 특히 뉴올리언스에서의 승리는 국가적 자부심을 폭발시켰다. 연방당의 비난은 힘을 잃고, 매디슨은 재선에 성공했다. 1823년 영국은 사사건건 쿠바에 간섭하는 프랑스에

---

* 1812년의 전쟁을 경멸적으로 부르던 표현이다.

미국이 함께 경고하자고 제안했다. 하지만 국무장관 존 Q. 애덤스John Q. Adams는 (매디슨의 후임자로 1816년 선출된) 대통령 제임스 먼로James Monroe에게 미국이 "영국 군함의 뒤를 따라가는 작은 배"로 보여서는 안 된다고 조언했다. 이에 먼로는, 애덤스가 초안을 작성한, 유럽 열강에 경고하는 담화문을 발표했다. 이른바 '먼로주의Monroe Doctrine'는 세계 문제를 대하는 미국의 자신감을 분명하게 보여주었다.

이어진 1824년 대통령 선거에서 잭슨이 가장 많은 표를 받았지만, 선거인단을 절반 넘게 확보하지 못해 당시 규정에 따라 하원 투표로 대통령을 선출하게 되었다. 하원의 표결 결과, 또 다른 경쟁자인 켄터키주의 헨리 클레이Henry Clay가 지지한 애덤스가 대통령이 되었다. 그는 취임하자마자 클레이를 국무장관으로 임명했고, 잭슨 지지자들은 이를 부정 거래라며 강력하게 비난했다. 애덤스는 국립 기상관측소와 국립 대학교 설립, 농업, 상업, 운송업에 대한 연방 정부의 지원 등을 포함한 꿈같은 프로그램을 제시했다. 주들의 권리를 옹호하는 사람들은 그의 비전에 당혹감을 표했고, 잭슨 지지자들의 비난은 계속되었다. 결국 그는 재선에 실패했다.

1824년 연방당은 해산했지만, 그들이 표방한 강력한 정부, 친기업적 기조는 대법원장 존 마셜John Marshall에게서 영속화되었다. 1801년 애덤스에게 지명받은 이후 마셜은 1835년 사망할 때까지 대법원장으로 일했다. 재임 기간 그는 주법에 대한 연방법의 우위, 의회가 통과시킨 법의 합헌성을 결정할 사법부의 권위를 확정했다. 예를 들면, 1819년 다루어진 다트머스대학교 대 우드워드 사건Dartmouth College

v. Woodward에서 그는 자본주의에서 굉장히 중요한 원칙인 계약의 신성함을 옹호했다.* 역시 같은 해 다룬 맥컬러 대 메릴랜드주 사건 McCullough v. Maryland에서 그는 1816년 의회가 설립한 합중국제2은행 Second Bank of the United States**에 대한 메릴랜드주의 과세는 헌법에 부합하지 않다고 판결했다. 연방 정부의 권력을 강력히 옹호한 것이다.

정치적 분수령은 잭슨이 대통령으로 선출된 1828년 찾아왔다. 그는 지금까지 국가를 통치했던 엘리트와는 근본적으로 달랐다. 사우스캐롤라이나주에서 태어나 14세 때 고아가 된 그는 테네시주로 이주해 자력으로 정치인, 농장주, 민병대 장교로 경력을 쌓았다. 1815년 뉴올리언스 전투에서 명성을 얻은 그는 서부의 개인주의적·평등주의적 정신을 스스로 구현했다. 환희에 취한 지지자들은 자신들의 영웅이 대통령으로 취임하는 것을 보기 위해 워싱턴 디시로 몰려들었다. 그는 1832년 보수적인 휘그당Whig Party***의 클레이를 누르고 재임에 성공했다.

잭슨의 승리는 광범위한 인구 변동과 정치 변화가 반영된 것이었다. 수많은 이주민이 내륙으로 밀려들었고, 재산이 있어야만 투표권을 행사할 수 있었던 제약이 폐지되면서 유권자가 많아졌다. 이제는

---

* 다트머스대학교는 1769년 조지 3세의 특허장으로 설립되었다. 영국에서 독립한 이후 뉴햄프셔주는 이 대학교를 공립으로 전환하려고 했다. 사법부는 주법으로 재산권을 침해할 수 없으며, 설립 당시의 계약을 준수해야 한다고 판결했다.

** 정부가 허가한 은행으로, 필라델피아에 기반을 두고 여덟 개 주에 지부를 두었다.

*** 잭슨의 정책에 반대하는 사람들이 모여 만들었다. 1856년까지 존재했다.

남부의 면화 농장주, 서부의 자영농과 사업가 그리고 동부의 육체 노동자와 공장 노동자가 모두 똑같이 한 표를 행사하게 된 것이다. 이들은 잭슨을 지지하기 위해 결집했고, 1832년 민주당Democratic Party을 탄생시켰다. 신문 편집자인 아모스 켄달Amos Kendall과 프랜시스 P. 블레어Francis P. Blair를 포함한, 잭슨의 '사설 고문단Kitchen Cabinet'이라고 불린 측근 세력이 주요한 역할을 했다.

엘리트와 견고한 이익 집단을 의심스러워한 잭슨 지지자들은 제조업을 보호하는 높은 관세에 반대했다. 또한 합중국제2은행을 금권—내륙의 팽창하는 에너지를 질식시키는 거인으로, 주들이 설립한 400개의 방탕한 은행을 포함하는—의 구현으로 여겨 싫어했다. 잭슨은 '괴물 은행'과 벌이는 전투를 그 우두머리인 니콜라스 비들Nicholas Biddle과의 개인적인 투쟁으로 여겼다. 그는 1832년 합중국제2은행의 특허장을 의회가 조기 갱신하는 것에 거부권을 행사했고, 그다음 연방 기금을 회수함으로써 치명타를 가했다. 이른바 '은행 전쟁'은 1837년의 공황과 몇 년간 이어질 고통을 불러왔지만, 잭슨과 지지자들에게는 이익 집단을 꺾은 인민의 승리를 의미했다. 돌이켜보면 이러한 충돌은 근본적으로 기성 엘리트와 (급성장하고 있는 서부와 도심지의) 신흥 기업가 및 상인 세력 사이의 대립처럼 보인다.

잭슨은 정치적 경쟁자인 부통령 존 C. 칼훈John C. Calhoun이 그의 고향 사우스캐롤라이나주에서, 1832년 관세—남부에서 억압적인 법률로 인식되던 것—를 백지화하는 운동을 이끌었을 때, 이를 강력하게 저지했다.

보수적 엘리트는 잭슨식 민주주의의 미숙함을 한탄했지만, 그것은 팽창하고 있는 야심 많은 백인 인구의 활력을 표출했다. 1840년에는 보수적이고 사업 지향적인 휘그당마저 민주당의 혁신적인 선거 운동 전략을 모방했다. 그들은 늙은 정치인이자 칠년 전쟁의 참전 용사인 오하이오주의 윌리엄 H. 해리슨William H. Harrison을 백악관으로 보내기 위해 횃불 행진, 통나무집 모형, 발효 사과주 등을 동원한 선거 운동을 펼쳤다.* 그 결과 해리슨이 당선되었지만, 불행하게도 그는 야외에서 진행한 취임 연설 이후 폐렴에 걸려 한 달 후에 사망했다.

▌부흥의 토대

독립 후 안정적인 국가를 꾸린 미국인의 자신감—어떤 이는 이것을 오만방자함이라고 불렀다—이 분출했다. 독립기념일을 찬양하느라 여념 없던 웅변가들은 낙관적인 분위기를 정당화할 여러 가지 이유를 찾아냈다. 1850년에 이르면 미국의 백인 인구는 이민자의 증가와 높은 출산율 덕분에 2,100만 명을 넘어섰는데, 이는 1790년보다 다섯 배나 증가한 수치였다. 1845년부터 1854년까지 단 10년 동안 거의 300만 명의 이민자가 유입되었는데, 여기에는 재앙적인 감자잎마름병을 피해서 온 아일랜드인이 포함되어 있었다. 수많은 이민자가 서부로 몰려가는 동안, 어떤 이민자는 해안가 도시에 정착해 가내 하인, 육체 노동자, 공장 노동자가 되었다.

---

* 근대적 선거 운동의 시초로 평가받는다.

국가는 지리적으로도 팽창했다. 1803년 유럽 국가들과 전쟁을 치르며 돈이 필요해진 나폴레옹은 1,500만 달러에 루이지애나를 팔겠다고 제안했고, 미국은 이를 재빠르게 받아들였다. 약 210만 제곱킬로미터에 이르는 이 광대한 영토는 미시시피강부터 로키산맥까지 펼쳐져 있었다. 제퍼슨은 연방당의 항의와 헌법에 대한 양심의 가책** 을 극복하고 매입을 승인했다. 그러면서 루이스-클라크 원정대Lewis and Clark Expedition에게 1804년부터 2년여간 새로운 영토를 답사할 권한을 부여했다. 1819년에는 스페인이 플로리다를 미국에 할양했고, 1846년에는 영국과 협약을 맺어 지금의 워싱턴주, 오리건주, 아이다호주를 획득했다.

1836년에는 스페인령 멕시코의 일부였던 텍사스에서 영국계 미국인들이 독립을 선언했다. 그러자 멕시코군이 샌안토니오의 알라모Alamo 선교원에서 농성하던 이들을 습격해 무려 186명을 죽였다. 하지만 ("알라모를 기억하라"라는 표어에 고무되어 모인) 샘 휴스턴Sam Houston이 지휘하는 의용군이 샌자신토San Jacinto 전투에서 멕시코군을 크게 이김으로써, 텍사스는 독립을 확보했다. 이후 1845년 미국의 한 주로 편입되었다.***

멕시코와 미국이 분쟁을 벌이는 동안, 팽창주의자들은 계속해서 서

** 제퍼슨이 선호한 헌법의 '엄격한 해석'에 따르면, 외국 영토를 획득하는 것이나 그 주민을 미국의 구성원으로 받아들이는 것은 어불성설이었다.

*** 1845년 12월 29일 텍사스는 미국의 스물여덟 번째 주가 되었다. 이를 인정할 수 없었던 멕시코의 반발로 1846년부터 1848년까지 멕시코 전쟁이 벌어진다.

쪽으로 밀고 나아가는 것이 미국의 '명백한 운명'이라고 선언했다. 그러던 중 테네시주의 민주당 연방 하원의원 출신으로 대통령이 된 제임스 포크James Polk가 1846년 5월 멕시코와의 전쟁을 의회에서 승인받았다. 미국이 몇 차례의 승리를 거둔 끝에, 9월 윈필드 스콧Winfield Scott 장군이 멕시코시티를 점령했다. 멕시코가 항복하면서, 미국은 지금의 애리조나주, 캘리포니아주, 네바다주, 유타주를 포함하는 약 130만 제곱킬로미터의 영토를 획득했다. 1848년 골드러시로 인구가 불어난 캘리포니아는 1850년 미국의 한 주가 되었다. 한 사람의 생애에 해당하는 기간에, 대서양 해안을 따라 들어선 열세 개 주로 구성된 국가가 반대편 대양까지 세를 넓혀 강대국이 된 것이다.

수많은 이주민이 서부로 흘러들면서, 1803년 오하이오주를 시작으로 새로운 주들이 미국에 편입되었다. 이주민은 유료 고속도로, 운하, 철도로 여행했다. 내셔널 로드The National Road는 1806년 의회가 승인한 미국의 첫 번째 주간州間, interstate 고속도로로, 메릴랜드주에서 시작해 1839년에는 일리노이주의 밴달리아까지 닿았다. 허드슨강과 이리호를 연결하는 이리 운하Erie Canal는 1825년 개통했는데, 이 외에도 수많은 운하가 만들어졌다. 이어서 각 지역의 철도가 격자 형태로 연결되었다. 〈독립선언문〉의 서명자 가운데 한 사람인 찰스 캐럴Charles Carroll이 1828년 7월 4일 볼티모어 앤드 오하이오 철도Baltimore and Ohio Railroad의 기공식을 진행했다. 1850년까지 미국에는 총 1만 4,500킬로미터의 철도가 깔렸다.

인구 증가, 지리적 팽창, 기반시설의 확대가 경제 발전을 부채질했지만, 여전히 남부의 면화와 담배, 북부의 곡물과 축산 같은 농업이 미국 경제의 중심이었다. 1850년대 미국은 연간 2억 5,000만 달러 규모의 상품을 수출했는데, 대부분 농산물이었다. 물론 산업도 꾸준히 성장했다. 높은 수준의 기술을 지닌 이민자가 영국에서 유입되었기 때문이다. 1882년 보스턴의 몇몇 투자자가 근처 로웰에 (메리맥강을 끼고) 기계화된 방적 공장을 세웠다. 처음에는 농가의 젊은 여성이 일했지만, 곧 이민자가 그 자리를 대체했다.

머지않아 북부 전역에 공장이 들어섰고, 직물, 신발, 시계, 총, 기계, 기차 그리고 무수히 많은 상품을 만들어냈다. 증기기관이 물레방아를 대체하면서, 1860년에는 20억 달러 규모의 상품을 생산했다. 위대한 산업화 시대의 견실한 토대가 이처럼 세기 중반에 준비되고 있었다.

▌신세계를 꿈꾸다

한창 산업화가 진행 중이었지만, 한편으로는 어두운 현실이 들이닥쳤다. 최저 생활 수준의 임금 탓에 빈곤과 계급 분열이 심해졌다. 아일랜드 가톨릭교도 이민자는 적개심에, 때로는 폭력에 직면했다. 이민자를 배척하는 미국당American Party이 1843년 창설되어 제법 많은 지지를 받았다.

서부 팽창은 인디언에게 큰 충격을 안겼다. 1811년 인디애나 준주 Indiana Territory*에서 해리슨이 지휘한 미군이 쇼니족 지도자 테쿰세

---

* 인디애나 준주는 1800년 7월 승인되어 1816년 11월 폐지되었다.

Tecumseh를 충실하게 따르는 인디언 연합(테쿰세 동맹)을 물리쳤다. 노스웨스트 준주의 인디언은 서부로 밀려나거나 보호구역에 갇혀버렸다. 1832년 블랙 호크Black Hawk 추장이 이끄는 소크족Sauk과 여타 인디언 부족이 미시시피강 동쪽의 조상 대대로 살아온 땅을 되찾기 위해 봉기했지만, 잔인하게 진압당했다.

남부에서는 1830년 인디언 이주법Indian Removal Act을 제정해 체로키족과 다른 부족을 내쫓았다. 대법원장 마셜은 두 번의 중요한 판결에서 인디언을 지지했지만, 잭슨과 행정부는 이를 무시했다. 대통령은 그를 이렇게 조롱했다. "마셜 씨가 결정을 내리셨군요. …… 이제 그에게 그 결정을 집행해보라고 합시다." "소수의 야만적인 사냥꾼"을 추방한 이후, 잭슨은 1830년 연두교서에서 남부는 이제 "인구, 부, 힘이 급속히 증가할" 것이라고 선언했다. 한때 '민주주의의 발흥'과 '보통 사람의 시대'의 화신으로 추앙받은 그이지만, 오늘날에는 그런 평가가 줄고 있다. 강제로 내쫓긴 인디언은 훗날 '눈물의 길'이라고 불린 길을 따라 지금의 오클라호마주로 이동했는데, 그 와중에 수천 명이 죽었다.

불안감을 느끼게 하는 급격한 사회 변화가 신앙 부흥 운동과 유토피아적 시도, 개혁 운동의 비옥한 토양이 되었다. 신앙 부흥 운동이 남부 국경 지대 전역에서 주기적으로 불타올랐고, 1825년 시작된 찰스 피니Charles Finney의 신앙 부흥 운동은 북부에서 군중을 끌어모았다. 수많은 뉴잉글랜드 사람이 1844년 예수가 재림할 것이라는 윌리엄 밀러William Miller의 예언을 믿었다. 조지프 스미스Joseph Smith를 따르는 사람도 있었다. 스미스는 1830년《모르몬경Book of Mormon》을 출간했는데, 그는 신의 도움을 받아 고대의 성경 판본을 발견해 번역했다고 주장했다. 이 책은 뉴잉글랜드 청교도의 운명론에 공감하면서, 신이 특별한 목적을 위해 미국을 골랐다고 묘사했다.

1840년대에는 메인주부터 켄터키주까지 독신 공동체가 들어섰다. 이곳에서 그리스도재림신자연합회United Society of Believers in Christ's Second Appearing, 또는 셰이커교Shaker라고 하는 영국의 기독교 분파 신도들─1774년 아메리카 대륙으로 건너온─이 생활했다. 이들은 독특한 예배 의식, 숙련된 기술, 씨앗과 여타 유용한 생산물로 주목받았다. 다른 공동체─종교적인 것도 있었고 세속적인 것도 있었다─가 아이오와주, 펜실베이니아주, 인디애나주 근처의 브루크 농장Brook Farm에서 생겨났다. 어떤 공동체는 프랑스의 선지자 샤를 푸리에Charles Fourier가 제시한 원리를 따랐다. 그들은, 어쩌면 순진하게도, 경쟁적인 개인주의보다는 협력을 우선하는 사회를 꿈꾸었다.

1844년 예수는 재림하지 않았고, 스미스는 (그의 새로운 종교는 살아남았지만) 1844년 살해당했으며, 공상적인 공동체는 서서히 쇠퇴했다. 하지만 새로운 사회에 대한 갈망은 계속되었고, 개혁 운동은 빠르게 확산했다. 절제를 옹호하는 사람은 금주를 설교했고, 안식일을 엄수하는 사람은 일요일에 휴업하는 법을 지지했으며, 또 어떤 이는 죄수와 정신 이상자를 인도적으로 대우해야 한다고 주장했다. 매사추세츠주의 호러스 맨Horace Mann은 공립학교를 개선하기 위한 운동을 벌였다. 노예제도 폐지 운동이 북부 전역에서 (거센 반대를 뚫고) 지지자를 모았다.

　도시 중산층의 성장과 더불어 일부 여성은 전통적인 성별 역할과 가부장제에 의문을 제기했다. 1848년 뉴욕주 세니커폴스의 엘리자베스 C. 스탠턴Elizabeth C. Stanton과 필라델피아의 퀘이커교도 루크리셔 모트Lucretia Mott 등이 세니커폴스에서 여성인권대회Woman's Rights Convention를 열었다. 그 자리에서 발표된 선언문은 〈독립선언문〉을 그대로 따라 한 것으로, "모든 남성 그리고 여성은 동등하게 창조되었다"라고 선언하며 완전한 양성평등을 요구했다. 많은 장애물이 있었지만, 어쨌든 여성 운동은 시작되었다. (1848년 대회에 참석한 한 젊은 여성은 1920년까지 살아서 투표권을 행사했다.)

　이러한 신앙 부흥 운동과 개혁 운동은 완전히 탈바꿈한 사회를 꿈꾼 혁명 시대의 비전을 회복하고자 하는 바람을 반영했다. 사회가 빠르게 변화하고 새로운 과제가 마구 생겨나는 가운데, 어떤 이는 여전히 신세계—1776년의 의기양양하던 시기에 페인이 환기했던 것—를 꿈꾸었다.

▌새로운 국가의 예술과 문화

1820년 스코틀랜드의 한 저널리스트가 "누가 미국의 책을 읽고 ……누가 미국의 그림이나 조각상을 보는가?"라며 조롱했다. 이러한 비난에 자존심이 상한 미국의 예술계는 국가의 정치적·경제적 성취에 문화적 성과를 더하려고 분투했다. 처음에는 스튜어트와 존 트럼불John Trumbull 같은 화가가 독립 전쟁과 헌법 제정 회의의 영웅적 장면을 추

1851년의 금주 포스터. 젊은 남성이 검은색 드레스를 입은 여성이 권하는 '술잔'을 거부하고 하얀색 드레스를 입은 젊은 여성이 주는 깨끗한 '물잔'을 선택하는 모습을 묘사하고 있다. 개혁 시대의 도덕적 정서를 반영했다.

려내 기념하는 작품을 그렸다. 1830년대에 이르면 유럽의 낭만주의 운동—황야의 숭고함, 그림같은 촌락, 고대 유적의 발견—에 영향받아 자연에서 영감을 구하기 시작했다. 공장, 도시, 철도가 점점 늘어나는 가운데, 애셔 듀런드Asher Durand 같은 화가는 허드슨강과 코네티컷강, 캐츠킬산맥과 애디론댁산맥 그리고 경외심을 불러일으키는 나이아가라폭포의 낭만적 풍경을 화폭에 담았다.

토머스 콜Thomas Cole은 네 폭의 연작 〈제국의 행로The Course of Empire〉 (1833~36)에서 손상되지 않은 순수부터 파괴적인 대격변까지 사회의 변화 과정을 우화적으로, 불안감이 드러나도록 묘사했다. 조지 이네스George Inness의 〈래커워너 계곡Lackawanna Valley〉(1855)은 철도 회사가 의뢰한 작품으로, 펜실베이니아주의 목가적 풍경 안에 아주 조그맣게 기차와 원형 기관차고를 그렸다.

작가들은 국민의 진화하는 경험을 면밀하게 탐색했다. 워싱턴 어빙Washington Irving은 단편 소설 〈립 밴 윙클Rip Van Winkle〉에서 변화를 피할 수 없다는 사실을 인정하면서도 지나간 식민지 시대를 낭만적으로 묘사했다. 제임스 F. 쿠퍼James F. Cooper는 《모히칸족의 최후The Last of the Mohicans》(1826)와 다른 소설에서 농장과 도회지가 꾸준히 늘어나는 가운데 숲사람woodsmen*이 겪은 운명을 낭만적으로 묘사했다. 애드거 A. 포Edgar A. Poe는 〈어셔가의 몰락The Fall of the House of Usher〉(1839) 같

---

* 소설에 나오는 내티 범포(Natty Bumppo) 같은 인물을 가리킨다. 범포는 인디언이 키운 백인으로, 따라서 숲사람은 인디언과 친하고 용감하며 문명을 싫어한다는 특징이 있다.

은 소름 끼치는 단편 소설로 낭만주의의 어두운 모습을 재현했다. 또한 그는 〈군중 속의 남자The Man of the Crowd〉(1840)와 뉴욕시에서 일어난 실제 살인 사건을 각색해 파리를 배경으로 삼은 〈마리 로제의 수수께끼The Mystery of Marie Rogêt〉(1842) 같은 단편 소설에서 당대의 현실을 적나라하게 묘사했다.

1850년대에는 문학적 창작력이 폭발했다. 《주홍 글씨The Scarlet Letter》(1850)와 《일곱 박공의 집The House of the Seven Gables》(1851)에서 너새니얼 호손Nathaniel Hawthorne은 죄악에 사로잡혀 괴로워하는 그의 뉴잉글랜드 조상들의 세계를 그렸다. 허먼 멜빌Herman Melville의 《모비딕Moby-Dick》(1851)은 작가 자신의 항해 경험을 바탕으로 고래잡이 선박의 일상을 서술했는데, 선원들의 정서를 깊이 탐구하고, 하얀 고래를 향한 선장의 강박과 집착을 은유적으로 묘사했다. 당시에는 경시되었지만, 오늘날 《모비딕》은 미국 문학의 고전이 되었다. 기자 출신 시인 월트 휘트먼Walt Whitman은 시집 《풀잎Leaves of Grass》(1855)에서, 동시대인이 깜짝 놀랄 솔직함으로 자신의 동성애를 인정해 미국적 삶의 다양성을 환기했다.

한편 이마누엘 칸트Immanuel Kant 같은 독일 관념론 철학자와 새뮤얼 T. 콜리지Samuel T. Coleridge, 윌리엄 워즈워스William Wordsworth, 토머스 칼라일Thomas Carlyle 같은 영국 작가에게 영향받은 뉴잉글랜드의 초월주의자Transcendentalist** 집단은 일상의 경험을 초월한 순수한 인식을

** '초절주의자(超絶主義者)'로도 불린다.

추구했다. 그들의 지도자였던 매사추세츠주 콩코드*의 랠프 W. 에머슨Ralph W. Emerson은 1832년 유니테리언 교회의 목사직을 내려놓고 저작과 강연에 전념했다. 그는 1832년 하버드대학교 신학부 강연과 《자연Nature》(1836)에서 독단적인 종교 교리를 거부하고 직관적인 진리 탐구를 옹호했다.

초월주의자들은 개인적 통찰을 소중하게 여겼지만, 또한 문화와 사회를 성장시키려고도 했다. 그들이 설립한 공동체가 바로 브루크 농장이다. 1837년 8월 에머슨은 하버드대학교에서 '미국의 학자The American Scholar'라는 강연을 진행하며 유럽의 노예처럼 구는 미국인의 지적 맹종을 개탄하고, 미국적 경험에 뿌리를 둔 자신감 넘치는 국민 문화의 필요성을 호소했다. 당시 어떤 이는 그것을 미국의 "지적 독립 선언"이라고 불렀다. 초월주의 잡지 《다이얼The Dial》의 편집자였던 마거릿 풀러Margaret Fuller는 《19세기 여성Woman in the Nineteenth Century》(1845)에서 페미니즘이 그러한 문화적 각성에 필수라고 주장했다.

에머슨이 콩코드에서 사귄 헨리 소로Henry Thoreau는 생태학적 인식의 초기 지지자요, 자연과 사회의 예리한 관찰자이며, 종종 정치 문제에 목소리를 낸 활동가였다. 그는 멕시코 전쟁과 그 전쟁을 지원한 남부의 노예주奴隷州들에 항의하는 의미로 세금 납부를 거부해 1846년 잠시 수감되었다. 정의롭지 못한 법률에 저항할 것을 요청한 그의

---

* 1803년 보스턴에서 태어난 에머슨은 1834년 매사추세츠주 콩코드에 집을 마련해 1882년 사망할 때까지 그곳에서 살았다.

《시민 불복종 *Civil Disobedience*》(1849)은 이후 수많은 개혁가와 활동가에게 영감을 주었다. 또한 그는 월든 호숫가 오두막에서 지낸 2년간의 생활을 기록한《월든 *Walden*》(1854)에서 사회적·기술적으로 급격히 변화하는 당대의 인간 삶을 고민했다.

고매한 지식인이 등장함과 동시에, 남북 전쟁 전의 미국은 소란스러운 대중문화를 양산했는데, 오늘날의 텔레비전 리얼리티 쇼와 타블로이드판 신문을 보는 듯했다. 매음굴, 선술집, 맥줏집이 가득한 뉴욕시에서, 제임스 G. 베넷 *James G. Bennett*이 창간한 신문《뉴욕 헤럴드 *New York Herald*》가 도시 생활의 선정적인 이야기를 뿌려댔다. 크고 작은 뮤직홀에서 스티븐 포스터 *Stephen Foster*의 감성적인 발라드와 아프리카계 미국인 및 이민자의 투박한 패러디 연극이 공연되었다. 아름다운 매춘부였던 헬렌 주잇 *Helen Jewett*이 1836년 살해당한 사건은 외설적인 신문과 잡지에 이야깃거리를 제공해주었을 뿐 아니라, 도덕 개혁가의 근심 어린 시선을 받았다. 이처럼 수치스러운 사건도 신생 공화국의 일부였다.

▌타자의 눈으로 본 미국

외국인 방문객의 기록에서 당시 미국의 모습을 찾아볼 수 있다. 용감무쌍한 영국인 프랜시스 트롤럽 *Frances Trollope*은 남편이 파산하자 1827년 자녀들과 함께 미국으로 건너왔다. 그녀는 테네시주의 한 공동체를 잠시 방문한 다음 신시내티에서 작은 가게를 운영하며 2년을 보냈다. 그녀의 베스트셀러《미국인의 가정 예절 *Domestic Manners of the Americans*》

(1832)은 미국인의 고상한 척함, 허풍스러움, 상스러움, 교활함, 감정적 신앙심에 관해, 편견과 통찰력이 뒤섞인 견해를 제공했다.

미국의 감옥 체계를 연구하기 위해 1831년 도착한 프랑스인 알렉시 드 토크빌Alexis de Tocqueville은 두 권 분량의 연구서《미국의 민주주의Democracy in America》(1835, 1840)를 남겼다. 그는 미국을 귀족 없이 다수의 지배로 통치되는, 새롭게 출현 중인 평등주의적 민주주의 질서의 원형으로 보았다. 그가 보기에 이 새로운 질서는 (그가 만들어낸 용어인) 개인주의individualism를 고무함과 동시에, 종교, 여론, 자발적 결사체의 영향으로 유지되었다. 이는 오늘날에도 적용되는 미국의 특징이다.

남북 전쟁 이전 미국의 문화적 창작력과 정치적·사회적 불안의 밑바닥에는 노예제도라는 피할 수 없는 현실이 놓여 있었다. 그것은 자유와 평등이라는 국민적 이데올로기를 조롱하는 현실이었다. 토크빌은 노예제도를 둘러싼 분쟁이 "내전 가운데서도 가장 끔찍한 것"이 되리라고 예견했다.

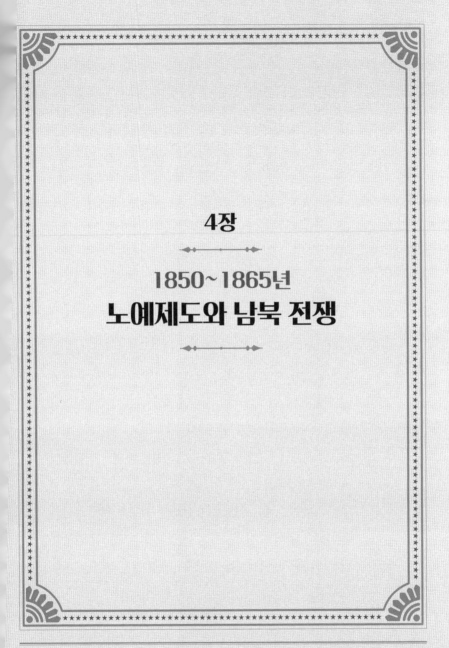

4장

1850~1865년
노예제도와 남북 전쟁

A Very Short Introduction to American History

1619년 8월 네덜란드 선박 한 척이 버지니아 제임스타운에서 스무 명의 아프리카인을 연한 계약 노동자로 팔았다. 그렇게 미국사의 일부가 쓰이기 시작했다. 1860년 미국에는 440만 명의 아프리카계 미국인이 살고 있었다. 그중 90퍼센트가 노예였다.

미국사에서 노예제도는 다양한 의미가 있다. 남부의 경제를 뒷받침한 동시에, 정치적 논쟁거리가 되었다. 저항한 노예, 막강한 적에 맞서 활기찬 문화를 유지한 노예, 노예제도와 정치적·종교적 원칙 사이의 모순에 직면한 백인 등이 모두 노예제도를 둘러싼 미국사의 일부를 구성한다. 남북 전쟁은 노예제도를 끝장냈지만, 완전한 평등을 위한 투쟁—〈독립선언문〉의 약속—은 훨씬 오래 계속될 것이었다.

▌면화 왕의 지배

식민지 시대 내내 노예제도는 아메리카 대륙과 카리브해의 모든 영국 식민지에서 존재했다. 노예가 되어 서인도제도의 영국 식민지에 보내진 아프리카인들은 480만 명으로, 영국 본토로 넘겨진 36만 명보다 훨씬 많았다. 사탕수수 생산이 카리브해의 영국(과 프랑스) 식민지들에서 가장 중요한 일이었는데, 유럽에서 설탕 수요가 폭발적으로 증가했기 때문이다. 노예주奴隷主는 가혹했고, 질병과 영양실조가 만연했으며, 사망률은 극도로 높았다.

미국 북부는 독립 이후 서서히 노예제도를 폐지했지만, 한편으로는 남부에 국한되도록 방치했다. 노예제도가 남부에서조차 토질 저하와 해방 운동으로 사라질 것처럼 보였기 때문이다. 하지만 영국과 뉴잉글랜드의 방직 공장들의 면화 수요가 늘고, 1793년 엘리 휘트니 Eli Whitney가 면화 꼬투리에서 씨를 제거하는 조면기繰綿機를 개발하자 면화 농장의 수익성이 커졌다. 쌀, 담배, 사탕수수도 여전히 중요했지만, 1830년에 이르면 사우스캐롤라이나주부터 텍사스까지 펼쳐진 농장들은 면화로 가득했다. '면화 왕King Cotton'의 지배가 시작된 것이다. 1860년 미국의 면화 수출액은 전체 수출액의 60퍼센트를 차지했다.

면화 농장이 확산하면서 노예제도도 강화되었다. 지역 경제는 이들 노예에게 의존했다. 체서피크Chesapeake*조차 이러한 흐름에 뛰어들어,

---

* 체서피크만에 접한 버지니아주와 메릴랜드주 지역으로, 식민지 시대부터 담배 농사에 주력한 곳이었다.

담배 농장주가 내지에 있는 면화 농장주에게 잉여 노예를 매각할 정도였다. 북부 경제의 주축이 상업, 공업, 자유민 노동자가 일하는 농업으로 변화하는 동안, 남부 경제는 전혀 다른 경로—노예제도와 얽히는 길—를 따랐다.

▌아프리카계 미국인의 삶

노예제도는 노예의 기본적인 인간성을 부정하고 자연권 이론을 조롱했다. 노예주는 노예를 전혀 가르치지 않았는데, 교육이 소요의 원인이 될까 봐 우려했기 때문이다. 일부 노예는 가내 하인이었지만, 대부분 농장에서 일했다. 노예주는 노예를 노동의 원천이자 상품으로 여겨, 그들이 결혼이나 가족으로 맺은 관계를 무시했고, 단지 그 수를 늘리기 위해 생식만 장려했다. 특히 여성 노예에 대한 노예주의 무분별한 접근은 혼혈아가 늘어나는 결과를 낳았다. 각 주의 규정에 따르면, 그러한 관계에서 태어난 아이는 노예였다. 잔인한 노예주도 있었고, 온화한 노예주도 있었다. 일반적으로 상남부上南部, Upper South* 보다 면화 생산지** 가 더 가혹했다. 물론 노예제도는 노예주의 절대적 권력을 강화함으로써 유지되었다.

　노예는 그들의 인간성을 파괴하도록 구조화된 체제에서 인간답게 살고자 노력했다. 아프리카의 영성에 이슬람과 기독교의 요소를 혼합

---

* 지리적 표현이 아닌 정치적 표현으로 19세기 초부터 남북 전쟁까지 남부에서도 플랜테이션 농업에 주로 의지했던 북쪽 지역을 가리킨다.

** 목화주(Cotton State)로 불리기도 한, 하남부(下南部, Deep South) 지역을 가리킨다.

한 종교가 중요한 역할을 했다. 그들의 노래와 설화는 노예주를 조롱하고, 노예의 재간을 찬미했다. 또한 이집트에서 '약속의 땅the promised land'으로 탈출한 유대인의 이야기로 찬송가를 지어 부르며 자유에 대한 열망을 드러냈다.

연장을 파괴하거나 느리게 일하며 미묘하게 저항하기도 했다. 이러한 행위는 채찍질을 불러왔지만, 무언의 투쟁은 계속되었다. 더 대담한 노예는 탈출을 시도했다. 북부에 도착한 노예는 캐나다와 자유로운 지역으로 신속하게 탈출시켜줄 안전 가옥 네트워크, 일명 '지하 철도Underground Railroad'의 도움을 받았다. 메릴랜드주의 해리엇 터브먼Harriet Tubman은 1849년 탈출한 이후 가족과 다른 노예를 데려오기 위해 수없이 남부로 돌아갔다. 노예주는 도망 노예에게 현상금을 걸었고 붙잡힌 이들을 가혹하게 처벌했다. 하지만 자유를 향한 탈출은, 특히 상남부에서 계속되었다. 1838년 볼티모어에서 탈출한 젊은 프레더릭 더글러스Frederick Douglass는 노예제도 폐지 운동에 가담했고, 널리 읽힌 자서전을 썼다.

본격적인 반란은 드물게 일어났는데, 가장 필사적인 형태였다. 덴마크 베시Denmark Vesey는 1822년 찰스턴 봉기를, 냇 터너Nat Turner는 1831년 버지니아주 봉기를 이끌었다. 평신도 전도사였던 터너는 봉기를 일으키라는 환상을 보았다. 그와 공모자들은 지역 농장들을 습격해 백인 농장주와 관리인 59명을 살해했다. 이에 겁먹은 백인들이 노예들을 무차별적으로 살해하기 시작했다. 숨어 지내다가 두 달 후에 붙잡힌 터너는 재판을 받고 교수형 당했다. 이를 계기로 버지니아주와 다른 주들은 노예제도를 더욱 혹독하게 시행하는 엄격한 법률을 채택했다.

█ 분열의 불씨

노예제도는 법적·정치적 문제를 일으켰는데, 종종 새로운 주의 가입과 관련되었다. 1819년까지 미국은 같은 수의 자유주free state와 노예주奴隷州로 구성되어 있었다.* 그런데 (각 주에 할당된 연방 하원의원과 선거인단의 수를 계산할 때 노예 인구의 5분의 3을 반영한다는) 헌법의 '5분의 3 규칙'이 제대로 지켜지지 않아, 노예주들의 대표는 대체로 수가 적었다. 그러는 와중에 미주리가 주 지위를 신청했고, 남부의 정치인들은 그곳에서 노예제도를 허용해야 한다고 주장했다. 1820년 의회는 미주리를 노예주로 승인하는 대신, 역시 주 지위를 신청한 메인을 자유주로 승인함으로써 자유주와 노예주의 균형을 맞추었다. 그렇지만 이러한 타협의 결과로, 의회는 미주리주의 남쪽 경계인 북위 36도 30분 선 이북에서 노예제도를 금지했다. 늙은 제퍼슨이 기록하기를, 이 미주리 타협은 "한밤중에 울리는 화재 경보"처럼 그를 불안하게 했다.

제퍼슨의 우려를 입증이나 하듯이, 노예제도가 점점 더 정치를 지배했다. 1836년 노예주 의원들이 의회에서 노예제도 폐지 청원을 금지하는 규정을 밀어붙여 통과시켰다.** 당시 의원이었던 전임 대통령

---

* 자유주와 노예주의 수는 1789년 각각 여덟 개와 다섯 개였다가, 1819년 무렵에는 열한 개씩으로 같아졌다.

** '개그룰(gag rule)'로 불렸다. 'gag'는 '재갈'이라는 뜻이다.

애덤스는 헌법상의 청원권을 옹호했지만, 규정은 무려 8년 동안 효력을 발휘했다. 1844년 치러진 대통령 선거에서 노예제도를 반대하는 (1839년 창립된) 자유당Liberty Party 후보, 제임스 G. 버니James G. Birney가 6만 2,000표를 얻었는데, 이는 민주당의 포크가 휘그당의 클레이를 이기는 데 큰 도움이 되었다.*** 1847년 하원은 멕시코 전쟁으로 획득한 지역에서 노예제도를 금지하는 법안을 통과시켰지만, 상원에서 거부당했다. 이어진 1848년 대통령 선거에서 당론과 달리 노예제도에 반대한 북부의 휘그당원과 민주당원이 결성한 자유토지당Free Soil Party 의 후보, 마틴 밴 뷰런Martin Van Buren이 무려 11퍼센트의 득표율을 기록했다. 이는 노예제도가 불화를 일으킬 잠재력이 있음을 더욱 분명하게 보여주는 사건이었다.

1850년 노예제도를 둘러싼 여러 문제가 본격적으로 논의되었다. 그 결과 캘리포니아를 자유주로 인정하고, 뉴멕시코 준주New Mexico Territory와 유타 준주Utah Territory의 유권자에게 노예제도 시행 여부를 스스로 결정하도록 했다. 의회는 워싱턴 디시의 노예 시장을 폐쇄했지만, 노예제도 자체는 허가했다. 남부는 중요한 승리를 거두었는데, 의회가 가혹한 도망 노예법Fugitive Slave Law을 제정한 것이다. 이 법은 연방 보안관에게, 필요하다면 권한을 대행하는 사람의 도움을 받아, 도망 노예를 체포해 재판 없이 남부로 끌고 올 수 있는 권한을 부여

*** 역사가들은 노예제도 반대로 관심을 끈 자유당 후보가 북부(특히 뉴욕주)에서 클레이가 받을 표를 많이 흡수한 것으로 평가한다.

했다. 이 법으로 많은 북부 사람이 '노예주奴隷主의 권력the Slave Power'의 무자비한 본성에 주목하기 시작했다.

▌링컨의 등장

독립 초기에는 남부의 많은 지도자가 노예를 해방해 아프리카로 돌려보내는 데 호의적이었다. 이를 위해, 장로교 목사 로버트 핀리Robert Finley는 1816년 미국식민협회American Colonization Society를 창설했다. 1822년부터 미국식민협회는 약 1만 2,000명의 도망 노예를 그들이 (미국식민협회 지지자였던 전 대통령 먼로의 이름을 따) 몬로비아Monrovia라고 부른 서아프리카 해변 도시로 보냈다. 그곳에 도착한 노예들이 세운 나라가 바로 라이베리아다. 하지만 1830년대에 이르면 상황이 바뀌는데, 면화 농장이 늘어나고 터너의 봉기로 분위기가 흉흉해지면서, 노예 해방과 이주에 대한 남부의 지원은 시들해졌다.

한편 북부의 많은 사람은 남부로 한정한다면 기꺼이 노예제도를 용인할 것처럼 보였다. 도시 노동자는 자유로워진 노예가 북부로 이주해 일자리를 두고 경쟁하게 될까 봐 두려워했다. 방직 공장주는 남부의 면화에 의존하고 있었으므로, 노예제도에 반대할 동기가 거의 없었다. 그러나 노예제도 자체는 아닐지라도 그 팽창에 대한 반대는 매우 강했다. 노예제도가 도덕적으로 혐오스럽다는 사실을 깨달은 북부 사람의 수가 증가했기 때문이다. 특히 모든 사람이 지닌 '신성의 불씨'를 존중하는 퀘이커교도가 이러한 계몽에 앞장섰다. 영국에서는 노예제도 폐지 운동이 1833년 절정에 달해 식민지 전역에서 노예제도를 폐지했는데, 이것이 미국에서도 반향을 불러일으켰다.

노예제도 폐지론자는 처음에는 점진적인 해결책, 즉 노예주에게 어느 정도 보상해주는 방법을 지지했지만, 1830년대에는 즉각적인 폐지를 요구했다. 보스턴의 윌리엄 L. 개리슨William L. Garrison은 1831년 정기 간행물 《해방자The Liberator》를 창간하면서 "나는 한 치도 물러서지 않을 것이다. 그리고 사람들은 나의 목소리를 듣게 될 것이다"*라고 선언했다. 그는 1833년 미국노예제도반대협회American Antislavery Society의 창설에 이바지했다. 철저한 급진주의자로서 그는 정치적 타협에 반대하고 헌법을 "악마와 맺은 협정"이라고 비난했다. 또한 노예제도가 존속된다면, 북부는 연방을 떠나야 한다고 주장했다. 동시에 평화주의자로서 그는 악을 뿌리 뽑는 방법으로 '도덕적 설득'을 선호했다. 개혁 성향을 지닌 북부의 많은 개신교도가 노예제도 폐지 운동에 동조했다. 장로교 전도사 시어도어 웰드Theodore Weld는 몇 개의 노예제도 폐지 협회를 조직했고, 사우스캐롤라이나주의 노예주 가문 출신인 부인 앤젤리나 G. 웰드Angelina G. Weld와 함께 《미국 노예제도의 현황American Slavery as It Is》(1839)을 편찬해 그 실태를 고발했다.

더글러스와 더불어 몇몇 아프리카계 미국인이 노예제도 폐지 운동의 지도자로 부상했다. 도망 노예 윌리엄 W. 브라운William W. Brown은 개리슨의 도덕적 설득 전략을 선호했지만, 또 다른 도망 노예 헨리 H.

---

* '그리고 사람들은 나의 목소리를 듣게 될 것이다(And I will be heard)'는 불의와 싸울 때 쓰는 말로, 어떠한 압력에도 굴하지 않고 진실을 전할 것이라는 뜻이다. 그다음에는 일반적으로 후손(또는 역사가)들이 증명할 것이라는 말이 이어진다.

가닛Henry H. Garnet은 더욱 호전적이었다. 1843년 버펄로에서 열린 전국흑인대회National Negro Convention 연설에서 가닛은 터너를 칭송하고, "도덕적·지적·물리적 구분 없이 성공할 가능성이 있는 모든 수단"을 동원해 저항할 것을 촉구했다. 이러한 전략적 차이는 한 세기도 더 지난 1960년대의 흑인 해방 투쟁에서 다시 수면 위로 떠오르게 될 것이었다.

여성도 노예제도 폐지 운동에서 두각을 나타냈다. 앤젤리나와 동생 사라 M. 그림케Sarah M. Grimké는 퀘이커교로 개종하고 필라델피아로 이사해, 본격적으로 노예제도 폐지 운동에 뛰어들었다. 뉴잉글랜드의 성직자가 그들의 공개 강연을 반대하자, 여성의 권리를 개혁 의제에 추가했다. 스탠턴과 수전 B. 앤서니Susan B. Anthony도 남성 지도자에게 무시당하자 노예제도 폐지 운동과 페미니즘을 결합했다.

노예제도 폐지 운동이 확산하면서 그에 대한 반감도 커졌다. 1835년 보스턴에서는 개리슨이 폭행당할 뻔했고, 찰스턴에서는 우체국에 보관하던 노예제도 폐지 운동 관련 인쇄물이 도난당했다. 노예제도 폐지 운동에 앞장선 일라이저 러브조이Elijah Lovejoy가 1837년 일리노이주 올턴에서 살해당하는 사건도 벌어졌다. 북부 여러 곳에서 폭도—그중 일부는 저명한 시민이었다—가 노예제도 폐지 운동을 방해했다. 남부의 연방 탈퇴the Secession*라는 위기에 앞서, 1844년부터 1845년까지 남부 감리교도와 침례교도가 전국적인 관계를 단절하고 별개

---

* 1860년부터 1861년까지 남부의 열한 개 노예주(奴隷州)가 연방에서 탈퇴한 일을 말한다.

의 교파를 만들었다.

1850년의 타협이 문제를 해결하리라는 희망은 빠르게 시들어버렸다. 1852년 복음주의 기독교 성직자의 딸인 해리엇 B. 스토Harriet B. Stowe는 도망 노예법에 자극받아 노예제도 폐지를 중간계급의 도덕적 정서에 호소하는 소설《톰 아저씨의 오두막Uncle Tom's Cabin》을 발표했다. 그녀는 노예제도가 가족을 파괴하고, 인간의 동정심을 더럽히며, 기독교 윤리를 짓밟는다고 주장했다. 북부 전역에서 즉시 베스트셀러가 된 이 책은 대략 한 세기 전 페인이《상식》을 출간했을 때와 비슷한 충격을 주었다. 그녀의 소설 속 생생한 장면들—독실한 기독교도인 노예 톰 아저씨를 잔인하게 채찍질하는 사이먼 러그리Simon Legree, 얼어붙은 오하이오강을 건너 자유를 향해 용감하게 탈출하는 엘리자Eliza—은 한 세대의 의식에 깊이 새겨졌다.

남부 문단文壇은 메리 이스트먼Mary Eastman의《필리스 아줌마의 오두막Aunt Phillis's Cabin》(1852)처럼 행복한 노예의 모습을 묘사한 소설로 대응했다. 앨라배마주의 의사 조사이어 노트Josiah Nott는《인류의 유형 Types of Mankind》(1854)에서 흑인은 인간이 아닌 별개의 종이어서 선천적으로 열등하다는 다원발생설polygenesis을 지지했다. 남부의 복음주의 기독교도는 다원발생설을 거부했는데, 창조론과 대치되었기 때문이다. 대신 성서의 몇몇 문구를 인용해 노예제도를 승인하는 것처럼 해석했다. 버지니아주의 조지 피츠휴George Fitzhugh는《남부를 위한 사회학Sociology for the South》(1854)에서 남부의 가족 노예제를 북부의 임금 노예제와 대비시켰다. 그는 인정 많은 남부의 노예주奴隷主는 노예의 복지를 신경 쓰지만, 북부의 공장주는 노동자를 무자비하게 착취한다고 비판했다. 노예제도에 대한 그의 설명은 비현실적이지만, 북부의 공장을 묘사한 부분만큼은 정곡을 찔렀다.

정치 영역에서는, 민주당과 휘그당이 모두 분열되어 이민자를 반대하는 미국당이 1854년부터 1855년까지 일시적으로 인기를 얻었다. 1854년 5월 의회는 일리노이주의 민주당 연방 상원의원 스티븐 더글러스Stephen Douglas가 제안한, 인민(또는 국민) 주권popular sovereignty이 반영된 캔자스-네브래스카법Kansas-Nebraska Act을 채택했다. 이 법은 북위 36도 30분 선 북쪽에서 노예제도를 금지하는 미주리 타협을 거부하고, 캔자스 준주와 네브래스카 준주의 유권자가 노예제도를 허용할지를 직접 정하게 했다. 그해 7월 북부의 휘그당과 자유토지당 지도자들이 위스콘신주 리펀에 모여 노예제도 팽창에 반대하는 새로운 정치 조직인 공화당Republican Party을 결성했다.

더글러스의 법은 캔자스 준주에서 폭력 사태를 일으켰다. 노예제도를 지지하는 미주리주 출신 정착민과 노예제도를 반대하는 북부 출신 정착민—그중 일부는 노예제도 폐지론자에게 자금과 무기를 지원받았다—이 각각 준주정부를 구성하고 주 지위를 신청했다. 1856년 5월 21일 미주리주 출신 정착민이 노예제도 폐지 운동의 거점인 로렌스를 약탈했다. 3일 후 노예제도 폐지론자 존 브라운John Brown이 아들 네 명과 다른 동료 두 명을 데리고 포타와토미에서 노예제도를 지지하는 정착민 다섯 명을 죽였다. 이른바 '피의 캔자스Bleeding Kansas' 기간에 양측에서 모두 200여 명이 목숨을 잃었다. (복잡한 정치적 조정

작업을 거친 후 캔자스 준주는 1861년 자유주로 연방에 편입되었다.) 다사다난했던 1856년 5월 워싱턴 디시에서는 매사추세츠주의 자유토지당 연방 상원의원 찰스 섬너Charles Sumner가 세 시간에 달하는 장광설로 "노예주의 과두 정치slave oligarchy"를 맹렬하게 비난했다. 이에 앙심을 품은 사우스캐롤라이나주의 민주당 연방 하원의원 프레스턴 브룩스Preston Brooks가 이틀 후 국회의사당에서 지팡이로 섬너를 공격해 의식 불명 상태에 빠뜨렸다. 이에 감탄한 남부 사람들이 지지의 의미로 지팡이를 들고 브룩스를 찾아왔다.

1856년 대통령 선거에서 펜실베이니아주의 민주당원 제임스 뷰캐넌James Buchanan이 남부의 전폭적인 지지를 받아 당선되었다. 공화당은 유명한 탐험가 존 C. 프레몽John C. Frémont을 후보로 냈는데, 열한 개 북부 주의 지지를 얻음으로써, 새로운 정당의 위력과 협소한 지지 기반을 동시에 드러냈다. 뷰캐넌은 취임 연설에서 노예제도 폐지 운동을 공격하고 준주의 노예제도를 금지하는 연방 정부의 어떠한 조치에도 반대함으로써, 북부 사람들을 경악하게 했다.

1857년 대법원의 드레드 스콧Dred Scott 사건 판결 또한 그러했다. 노예인 스콧은 군의관이던 주인이 자유주인 일리노이주와 위스콘신주로 자신을 데리고 갔다는 사실에 근거해 자유롭게 해달라고 요청했다. 수석 재판관인 로저 태니Roger Taney가 이끈 법정은 스콧의 청구를 7대 2로 부결하고, 노예는 시민이 아니기에 청구권을 지니고 있지 않다고 판결했다. 게다가 다수 의견은 미주리 타협이 헌법에 어긋난다고 선언했다. 북부 준주들의 노예제도 금지 규정이 정당한 법적 절차 없이 노예주의 재산권을 부정한다는 이유에서였다. 이 사건을 검토한 뉴욕주의 공화당 연방 상원의원 윌리엄 수어드William Seward는 앞으로 일어날 "피할 수 없는 충돌"을 단언했다.

1858년 일리노이주의 공화당원들은 상원의원 자리를 놓고 더글러스에게 도전할 이로 에이브러햄 링컨Abraham Lincoln 변호사를 추천했다. 일련의 토론에서 링컨은 더글러스의 인민 주권 사상을 겨냥했다. 그는 드레드 스콧 사건 판결에 따라 앞으로 준주의 주민이 어떻게 노예제도를 금지할 수 있느냐고 물었다. 더글러스는 노예제도가 요구하는 시행 규칙을 허락하지 않음으로써 그렇게 할 수 있다고 조심스럽게 답했다. 이는 노예제도 옹호론자들을 화나게 했다. 선거에서 더글러스가 승리했지만, 링컨은 전국적인 명성을 얻었다.

1859년 10월 저명한 노예제도 폐지론자들에게 비밀스럽게 지원받은 브라운이 열여덟 명의 동지를 이끌고 버지니아주 하퍼스페리에 있는 병기창을 습격했다. 그의 계획은 노예를 무장시켜 광범위한 봉기를 일으키는 것이었다. 그러나 로버트 E. 리Robert E. Lee가 지휘하는 군대가 어렵지 않게 습격자들을 사로잡았고, 브라운과 동지 여섯 명은 재판을 받아 교수형 당했다. 머지않아 북군北軍이 "브라운의 육체는 무덤 안에서 썩고 있지만, 그의 진리는 계속 진군한다"라는 노래를 부르며 전쟁에 나서게 될 것이었다.

1860년 2월 뉴욕시에서 링컨은 극단적인 노예제도 폐지론을 비난하는 동시에 노예제도 팽창을 중단해야 한다고 연설했다. 하지만 그해 5월 상원은 정부에 노예제도를 금지할 권한은 없으며, 따라서 준주의 노예제도를 지원해야 한다는, 사우스캐롤라이나주의 제퍼슨 데이비스Jefferson Davis가 제안한 결의안을 통과시켰다.

5월 공화당은 시카고에서 전당 대회를 열고 링컨을 대통령 후보로 지명했다. 휘그당은 이미 흩어졌고 남부와 북부의 민주당원들이 각각 후보를 내면서, 링컨은 40퍼센트의 득표율로 당선되었다. 하지만 불길하게도 그를 지지한 선거인단에는 남부 출신이 단 한 명도 없었다.

링컨의 당선에 남부는 신속하게 반응했다. 1860년 12월 축제가 한창인 가운데 사우스캐롤라이나 주의회는 이렇게 선포했다. "이로써 미합중국이라는 이름으로 사우스캐롤라이나주와 그 밖의 주 사이에 존재하는 연방은 해체된다." 1861년 2월에 이르면 열한 개 남부 주가 탈퇴해, 데이비스를 대통령으로 하는 남부연합Confederate States of America을 결성했다. 사우스캐롤라이나주의 메리 B. 체스닛Mary B. Chesnut은 그녀의 일기장에 이렇게 썼다. "남부와 북부, 우리는 서로를 너무나 증오해 갈라섰다."

훗날 남부를 옹호하는 몇몇 사람은 각 주의 권리를 놓고 헌법을 달리 해석한 탓에 남북 전쟁이 일어났다고 주장할 것이었다. 실제로 사우스캐롤라이나주의 탈퇴 선언은 그 이유를 분명히 밝힌다. "견해와 의도가 노예제도에 적대적인" 대통령이 선출되었다는 것이다. 즉 노예제도를 포기할 수 없다는 것이 탈퇴를 결정한 핵심적인 이유였다.

대통령으로서 아직 임기가 남은 뷰캐넌은 남군南軍이 연방 요새들을 장악할 때 수수방관했다. 그는 찰스턴 항구에 있는 연방의 섬터 요새Fort Sumter로 보급선補給船을 보내도록 지시했지만, 근처의 남군 포대에 공격당한 보급선은 뉴욕시로 철수했다. 1861년 3월 4일 링컨은 취임 연설에서 유화적인 표현을 사용하며, 현재 시행 중인 노예제도는 건드리지 않겠다고 약속했지만, 연방 탈퇴만큼은 저지하겠다고 맹세했다. 4월 12일 섬터 요새의 지휘관이 투항하기를 거부하자 남군이 포격을 가했다. 링컨은 반란 사태를 선언하고 7만 5,000명의 지원병을 모았다. 수어드가 일찍이 경고한 '피할 수 없는 충돌'이 다가왔다.

▌남북 전쟁

북부는 기술, 운송, 재정, 인구—북부 인구는 2,200만 명이고, 남부 인구는 350만 명의 노예를 포함해 900만 명—에서 우위를 점하고 있었다. 남부연합의 지도자들은 영국 경제와 남부 면화의 관계를 고려해 영국이 지원하리라고 기대했다. 하지만 영국 여론은 분열되었고, 북부는 간섭하지 말라고 경고했다. 북부와의 관계가 부드럽지만은 않았지만, 영국은 남부연합을 절대 인정하지 않았다.

동부에서 신속하게 승리를 거두려는 북부의 바람은 1861년 7월 워싱턴 디시 근처의 불런강을 사이에 두고 벌어진 제1차 매너서스 전투에서 북군이 패배하며 꺾였다. 동부 전선은 교착 상태에 빠졌다. 북군의 조지 매클렐런George McClellan 장군은 1862년 3월 체서피크만을 통과해 버지니아주로 침입, 남부연합의 수도인 리치먼드에 다가갔지만, 격렬한 전투 끝에 후퇴했다. 1862년 가을에는 남군의 두 장군 리와 토머스 잭슨Thomas Jackson*이 메릴랜드주를 관통해 워싱턴 디시로 진군했다. 매클렐런이 9월 17일 앤티텀에서 그들을 저지했지만, 방어의 이점을 살리지 못했다. 그날 남북 전쟁에서 가장 많은 사상자가 나왔다.** 좌절한 링컨은 장군들을 교체했지만, 교착 상태는 계속되었다.

다만 북군 해군은 좋은 성과를 거두었는데, 1862년 4월 뉴올리언스를 점령해 남부연합의 해상 활동을 봉쇄했다. 서부에서는 북군의 율리시스 S. 그랜트Ulysses S. Grant 장군이 1862년 초 테네시주 북부의 중요한 요새들을 점령했고, 4월에는 돈 카를로스 뷰엘Don Carlos Buell 장군의 지원을 받아 미시시피주 코린스 근처의 샤일로에서 남군을 이겼는데, 양측 모두 사상자가 많았다. 1863년 1월 머프리즈버러에서 남군을 크게 이긴 북군은 테네시주와 그 주변을 확실히 통제하게 되었다. 오랜 포위 공격 후 그랜트는 1863년 7월 4일 미시시피 강가에 있는 남부연합의 거점인 빅스버그를 장악했고, 11월에는 교통의 요지인 채터누가를 함락했다. 이로써 서부에서의 전쟁은 사실상 끝났다.

버지니아주의 프레데릭스버그(1862년 12월)와 챈슬러즈빌(1863년 5월)에서 남군의 승리를 이끈 리는 다시 북쪽으로 진군했다. 그리고 1863년 7월 1일 북군과 남군은 펜실베이니아주의 게티즈버그에서 크게 맞붙었다. 나흘간 치러진 전투에서 결국 북군이 리를 격퇴했는데, 이는 전쟁의 전환점이 되었다. 그해 11월 게티즈버그의 국립묘지 준공식에서 링컨은 "국민의, 국민에 의한, 국민을 위한 정부가 지구에서

＊ 1861년 북군이 리치먼드를 함락하기 위해 포격을 퍼부었을 때 끝까지 자리를 지킨 후 반격을 가해 '스톤월(Stonewall, 돌벽) 잭슨'으로 불렸다.

＊＊ 이날 하루 2만 2,720명의 사상자가 나왔다. 북군 1만 2,410명(2,018명 전사), 남군 1만 316명(1,546명 전사)이었다.

소멸하지 않도록"* 목숨을 바친 사람들에게 경의를 표했다. 272개의 단어만으로 구성된 링컨의 게티즈버그 연설은 미국 대통령의 연설문 가운데 가장 유명하다.

1864년 3월 이제는 북군 전체를 지휘하게 된 그랜트가 버지니아주로 진격했다. 스포칠베이니아, 콜드하버, 피터즈버그에서 벌어진 전투는 많은 사상자를 냈지만, 그는 아랑곳하지 않고 계속해서 리치먼드로 진군했다. 같은 해 9월 윌리엄 T. 셔먼William T. Sherman 장군이 (링컨의 재선에 도움을 준) 애틀랜타 점령을 마무리하고, 동쪽의 서배너를 향해 행군했는데, 그의 군대는 지나친 약탈 행위로 빈축을 샀다. 1865년 4월 9일 버지니아주의 애퍼매톡스 코트 하우스Appomattox Court House에서 리는 항복했다. 남북 전쟁으로 (전체 인구 3,140만 명 중) 61만 7,000명 이상이 목숨을 잃었다. 그 피의 대가로 합중국은 생존했다.

▌노예 해방

링컨은 노예 해방을 위해서가 아니라 연방을 구하기 위해 전쟁을 벌였다. 그는 개인적으로 노예제도에 반대했지만, 연방에 남아 있는 세 개의 노예주奴隷州—메릴랜드주, 켄터키주, 미주리주—를 포함해 분열된 내각과 국민을 통솔했다. 그렇지만 노예 해방이 점차 전쟁의 목적으로 부상했으니, 노예제도 폐지론자들의 압력, 북부로 도망해 전쟁에 도움을 준 수많은 도망 노예(50만여 명에 달했다) 때문이었다.

---

* "government of the people, by the people, and for the people shall not perish from earth."

1863년 7월 5일 게티즈버그에서 사망한 남군의 시체. 전투 현장을 찍은 생생한 사진들이 신문에 실리며 일반인도 대량 학살의 참혹함을 뼈저리게 실감할 수 있었다.

1862년 9월 앤티텀 전투가 끝난 후 링컨은 노예 해방을 선언해 북군이 장악한 지역의 노예를 자유롭게 했다. 요컨대 북부의 승리는 거의 보편적인 노예 해방을 의미했다. 초기 정책을 뒤집고, 북군은 아프리카계 미국인을 받아들였다. 전쟁 말기에 이르면 18만 6,000명의 아프리카계 미국인이 백인 장교가 지휘하는 분리된 부대에서 복무했다. 그들은 대체로 비전투 병과를 배정받았지만, 몇몇은 교전에 참여했다. 그러한 전투로 대표적인 것이 1863년 7월의 와그너 요새 습격**이었다.

** 남북 전쟁에서 활약한 최초의 아프리카계 미국인 부대 '제54매사추세츠 의용보병연대(54th Massachusetts Volunteer Infantry Regiment)'가 사우스캐롤라이나주의 와그너 요새를 공격했으나, 40퍼센트의 병력을 잃고 후퇴했다.

▌전쟁에 뛰어든 여성들

북부와 남부 양쪽에서 자원봉사자, 특히 여성이 전쟁을 지원했다. 이들은 남편과 아들이 싸우러 나가 집을 비운 사이 농장을 관리했다. 북부에서 여성은 전장에 의약품과 위생용품을 공급하는 자발적 조직인 미국위생위원회U.S. Sanitary Commission를 돕기 위해 위생 박람회Sanitary Fairs*를 열고 후원금을 모았다. 직접 전장으로 식품을 운반한 여성도 있었다. 양측에서 3,000명 이상의 여성이 간호사로 봉사했다. 그중 특허청 직원인 클라라 바턴Clara Barton이 있었는데, 그녀는 나중에 미국적십자사를 창립했다. 휘트먼은 워싱턴 디시에서 병원 도우미로 봉사하며 얻은 감명을 《북소리Drum-Taps》(1865)와 그 밖의 저작에 녹여냈다.

전쟁으로 북부에서 소요가 발생하기도 했다. 1863년 징집령이 선포되자 가난한 아일랜드 이민자가 폭동을 일으켰다. (부자는 대신할 사람을 고용해 징집령을 피할 수 있었다.) 특히 뉴욕주에서는 폭도가 징집 관청과 저명한 공화당원의 거주지를 표적으로 삼았고, 치안이 복구되기 전에 몇몇 아프리카계 미국인을 살해했다. 링컨은 폭동을 강하게 단속하는 차원에서 1863년 인신 보호 영장을 유보하고 약 1만 5,000명의 남부연합 동조자와 전쟁 비판자를 (대개 아주 잠시뿐이었지만) 체포하도록 했다. 이러한 결정은 훗날 전쟁을 앞두고 반대 의견을 억누르는 행위의 선례로서 인용될 것이었다.

＊ '전쟁 지원 박람회'로도 불린다.

▌실패한 재건

1865년 채택된 수정헌법 제13조는 노예제도에 마침표를 찍었지만, 남부의 입법 기관은 해방된 아프리카계 미국인의 권리를 제한하고 노예제도와 거의 다름없는 노동 규율을 부과하는 흑인 단속법Black Code을 만들었다. 이에 대응해 1866년 공화당은 전시에 도망 노예를 보호하기 위해 창설했던 해방노예국Freedmen's Bureau의 기한을 갱신했으며, 또한 흑인 단속법을 무력화할 민권법Civil Rights Act을 제정했다. 이어서 1868년 (인디언을 제외하고) 미국에서 태어나거나 귀화한 모든 사람에게 시민권을 주고 동등한 권리를 보장하는 수정헌법 제14조를 비준했다. 하지만 링컨의 후임자인 테네시주 출신의 앤드루 존슨Andrew Johnson은 의회를 무시하고 이 조치들을 뒤집었다. (그는 대통령 임명권을 둘러싸고 벌어진 충돌로 1868년 탄핵당했지만, 가까스로 면직되는 것을 모면했다.)

존슨의 관대함과는 반대로 의회는 1867년 남부에 군대를 파견해 통치하기로 했다. 또한 남부연합에 속했던 주들은 수정헌법 제14조를 비준해야만 연방에 재가입할 수 있도록 했다. '급진적 재건'**이 진행되던 이 시기, 남부의 아프리카계 미국인은 주의 입법 기관에서 일했고, 미시시피주의 공화당 연방 상원의원 두 명을 포함해 몇몇은 의회로 진출했다. (과장된) 부패의 사례도 있었지만, 이 시기의 입법 기관은 학교, 병원, 보호시설에 자금을 지원하고, 아프리카계 미국인의 권

** 남부연합에 속했던 주들의 문제를 해결하기 위해 고심하던 시기다. 보통 1877년까지로 보며, '재건 시대(Reconstruction Era)'로도 불린다.

리를 보호하는 데 충실했다.

1868년에는 급진적 재건을 계속해서 지지한 공화당의 그랜트가 남부의 아프리카계 미국인 유권자의 지지를 얻어 대통령에 당선되었다. 1870년 채택된 수정헌법 제15조는 "인종, 피부색, 또는 이전의 예속 상태"를 이유로 그 어떤 시민의 투표권도 거부되어서 안 된다고 규정했다. (여성에게도 선거권이 부여되기를 바란 페미니스트들이 크게 실망했다.)

급진적 재건은 강력한 반발을 낳기도 했다. 1865년 남군 참전 용사들이 모여 큐클럭스클랜Ku Klux Klan을 만들었는데, 이 단체는 남부 전역에서 아프리카계 미국인과 공화당 정치인에게 테러를 가했다. 루이지애나주에서는 큐클럭스클랜과 다른 테러 단체가 합심해 수백 명을 학살했다.

이 와중에 의회를 통과한 1875년 민권법은 공공장소와 운송수단에 대한 모든 사람의 똑같은 접근권을 인정했다. 하지만 급진적 재건은 힘을 잃고 있었는데, 특히 1873년 공황이 시작되며 치명타를 입었다. 결국 1876년 치러진 대통령 선거에서 민주당 후보인 뉴욕 주지사 새뮤얼 틸던Samuel Tilden이 더 많은 표를 얻었다. 그런데 선거인단 투표에서 스무 표를 확정하지 못해 논란이 되었다. 하원에서 협상이 벌어졌고, 남부는 군정을 끝내는 것 등을 포함해 여러 가지 양보를 얻어낸 대가로 공화당의 러더퍼드 B. 헤이즈Rutherford B. Hayes를 대통령으로 지지하기로 했다.* 군정이 끝나자 백인 우월주의자들이 남부의 지배권을 되찾았다.

1877년 노예제도는 폐지되고 해방된 아프리카계 미국인은 (서류상)

완전한 시민권을 누렸다. 하지만 1890년대가 되면 인종주의가 부활해 이러한 성과를 뒤집어버렸다. 남부 전역에서 관리들이 인종 분리를 시행하고 여러 교활한 술책으로 아프리카계 미국인 유권자의 투표권 행사를 방해했다. 차별은 북부에도 스며들었다. 백인의 관심이 다른 곳을 향하자, 많은 것이 예전으로 돌아갔다.

＊ 플로리다주, 루이지애나주, 사우스캐롤라이나주의 열아홉 표와 오리건주의 한 표, 총 스무 표가 조작되었다는 논란이 일었다. 이 문제를 해결하기 위해 열다섯 명으로 구성된 위원회가 만들어졌고, 그중 과반인 여덟 명이 스무 표 전부를 공화당의 표로 결정했다. 민주당은 위원회의 결정이 하원에서 통과되지 못하게 막았고, 결국 두 당은 협상을 벌였다.

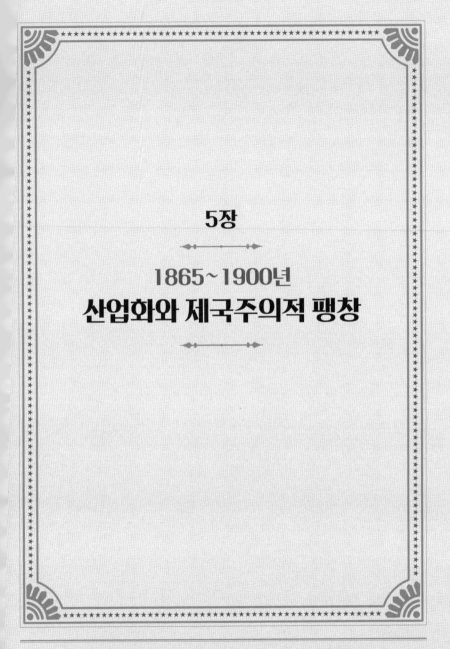

5장

1865~1900년
산업화와 제국주의적 팽창

A Very Short Introduction to American History

1869년 5월 10일 유타 준주의 프로몬토리 포인트Promontory Point에서 마주 향하게 건설되던 철도 노선 두 개가 연결되고 있었다. 하나는 동부에서, 다른 하나는 캘리포니아주에서 오는 노선으로, 미국의 첫 번째 대륙 횡단 철도가 완성되는 순간이었다. 이로써 제퍼슨식 자작농 사회를 산업 사회로 바꿀 경제 발전의 시대가 출범했다.

산업화는 엄청난 사회 변화를 일으켰다. 은행가와 회사 관리자 그리고 공장 노동자와 사무원이 전국의 도시를 가득 메우고, 수백만 명의 이민자가 미국으로 유입되었다. 새로운 자본주의 엘리트 계층이 자신의 부와 정치적 영향력을 과시하면서 계급 분열은 심화하고, "국민의, 국민에 의한, 국민을 위한" 정부라는 링컨의 비전은 예스럽고 공상적인 것처럼 보이기 시작했다. 이 몇십 년 동안 남북 전쟁 시대의 약속은 거짓임이 드러났고, 추악한 인종주의가 급증했다. 어떤 작가와 사회 사상가는 미국의 자유방임 자본주의 체제를 진보로 나아가는 길이라고 보았지만, 이 새로운 질서를 아주 불안한 마음으로 바라보는 사람도 있었다.

▌새로운 산업 질서

남북 전쟁 이후 미국의 산업화는 더 많은 원자재와 노동력, 정부 지원을 그리고 강철과 철도, 증기력, 전력, 석유 같은 기간산업의 기술적 혁신을 요구했다. 새로운 구조의 기업과 금융 기관도 중요한 역할을 했다. 부와 정치적 영향력을 지녔을 뿐 아니라 문화적 반향을 일으킨 산업계의 몇몇 강력한 거물이 이 기간 미국의 전반적인 분위기를 만들었다.

19세기 중엽 미국의 제철업은 수많은 소규모 광산과 제련 설비로 구성되어 있었다. 스코틀랜드 출신 이민자로 펜실베이니아 철도에 사원으로 입사해 승진을 거듭한 앤드루 카네기Andrew Carnegie는 1870년대 들어 광산, 제조공장, 선박시설을 획득하고, 그것들을 카네기 철강회사라는 거대 기업으로 묶었다. 그는 미네소타주의 메사비산맥에서 캐낸 광물을 물과 철도를 이용해 피츠버그 근처의 공장까지 운송, 제련함으로써, 생산 공정을 통합했다. 또한 산화 작용을 이용해 선철銑鐵에서 불순물을 제거하는 베세머Bessemer 제강법을 채택해, 전국의 철도, 증기 터빈, 농기구 제조사를 위한 고품질의 강철을 대량 생산했다. 1890년 미국의 강철 생산은 영국을 뛰어넘었다. 이는 미국의 산업

펜실베이니아주 홈스테드에 있던 카네기의 제강소. 거대한 동굴을 닮았다. 이런 공장들로 대변되는 남북 전쟁 이후의 산업화는 여러모로 미국을 변형시켰다.

발전에서 상징적인 순간이었다.

남북 전쟁 전인 1860년 이미 4만 8,000킬로미터의 선로를 놓은 미국 철도 산업은 전후 훨씬 더 빠른 속도로 성장했다. 치열한 경쟁과 정치적 책략, 광적인 건설 붐이 이어지는 가운데, 투기적인 철도 회사가 우후죽순처럼 생겼다가 때로는 극적으로 몰락했다. 1900년에 이르면 약 32만 킬로미터의 선로가 놓이게 되고, 철도 산업의 자본금은 거의 100억 달러—지금의 가치로 따지면 2,600억 달러 이상—에 이르렀다.

이렇게 성장한 철도 산업은 전후의 경제 호황을 뒷받침했다. 철도는 석탄과 철광석을 카네기 철강 회사의 제강 공장으로, 농기구를 시골로, 가축을 시카고의 도축장으로, 곡물을 미니애폴리스의 제분소로, 기계류와 소비재를 전국으로, 이민자를 광대한 내륙으로 실어 날랐다. 당시 가장 유명하고 경외심을 불러일으킨 철도 산업의 거물로는 캘리포니아주의 콜리스 P. 헌팅턴Collis P. Huntington과 릴런드 스탠퍼드Leland Stanford, 뉴욕주의 코닐리어스 밴더빌트Cornelius Vanderbilt와 제이 굴드Jay Gould, 미네소타주의 제임스 J. 힐James J. Hill 등이 있었다.

석탄을 연료로 하는 증기기관이 당시의 공장, 기관차, 기계 제작소, 제분소 등에 동력을 공급했다. 이러한 증기 기술은 19세기 말 급속도로 발전해, 원양 정기선과 산업용 터빈을 움직였다. 1876년 독립 100주년을 기념해 열린 필라델피아 세계박람회에서는 콜리스 스팀 엔진 컴퍼니가 제작한, 전체 높이 14미터에 플라이휠flywheel의 지름만 9미터에 달하는 1,400마력짜리 증기 발전기가 여러 개의 기어와 샤프트로 연결된 박람회의 각종 기계 장치에 동력을 공급했다. 소설가 윌리엄 D. 하우얼스William D. Howells는 경외심을 품고 이렇게 기록했다. "엔진을 글로는 다 묘사할 수 없다. 그것에 관한 지식은 그 거대하고 거의 소리 없이 움직이는 장엄함을 이해할 사람만이 추구할 것이다. 그것은 도도하게 서 있는, 강철로 된 거대한 운동선수다."

1900년에 이르면 물을 동력으로 하거나 석탄을 연료로 사용하는 시설에서 발생한 전기가 새로운 동력의 원천이 되어, 기계에서 증기 파이프와 구동축을 제거했다. 토머스 에디슨Thomas Edison을 포함한 여러 발명가 덕분에, 전기로 움직이는 기계뿐 아니라 전차와 가로등도 만들어졌다. 강철 산업처럼 거대 회사가 소규모 회사를 집어삼켰는데, 얼마 지나지 않아 두 개의 거대 기업, 즉 제너럴 일렉트릭과 웨스팅하우스가 해당 산업을 지배했다.

모든 기계는 윤활유가 필요했는데, 급성장하고 있는 석유 산업이 필요한 윤활유를 공급했다. 미국의 첫 번째 유정은 1859년 펜실베이니아주에서 개발되었다. 다른 유정 개발이 계속 뒤따르면서, 미국은 곧 세계에서 석유를 가장 많이 생산하는 나라가 되었다. 철도나 전기 산업처럼 석유 산업도 합병이 혼란스러운 경쟁을 대체했다. (1867년 법인화된) 존 D. 록펠러John D. Rockefeller의 스탠더드 오일 컴퍼니가 소규모 회사들을 무자비하게 굴복시키고, '수평적 통합'이라고 불리는 지배 과정을 거쳐 이내 석유 산업을 지배했다.

팽창하는 금융 시스템이 폭발하는 산업화에 자본을 제공했다. 미국과 외국의 투자 은행은 대기업의 주식과 채권을 시장에 내놓았을 뿐 아니라 산업의 발전을 진두지휘했다. 런던과 파리에 지점을 두고 있던, J. P. 모건J. P. Morgan의 시티은행은 몇 개의 철도를 통제하고 당시 가장 큰 규모의 합병을 주관했다. 1901년 모건은 카네기 철강 회사의 주식을 사들여 US 스틸 컴퍼니를 세웠고, 1년 후에는 농기구 복합 기업인 인터내셔널 하베스터 컴퍼니를 세웠다. 또한 미국 재무부가 재정 위기를 넘기는 데 몇 차례나 도움을 주었다.

▌산업화의 사회적 비용

열성적인 노동자가 산업 중심지로 쏟아지며, 산업화는 모든 수준에서 미국인의 삶에 영향을 미쳤다. 1850년 미국은 몇 개의 타운과 시티를 지닌 농업 사회였는데, 1900년에 이르면 광대한 농업 지역을 배후에 둔 도시-산업 국가로 변모했다. 1900년 뉴욕시의 인구는 340만 명에 이르는데, 1850년 미국의 전체 도시 인구와 비슷한 수준이었다.

도시에 처음 온 사람은 크게 두 부류였다. 농장과 작은 타운 출신이거나, 더 나은 삶을 꿈꾸며 바다를 건너온 유럽 출신이었다. 1900년에 이르면 미국 인구의 20퍼센트가 이민자였는데, 거대 산업 도시에서는 그 비율이 훨씬 높았다. 영국, 아일랜드, 독일, 스칸디나비아반도 등에서 온 초기 이민자와는 달리, 이 새로운 이민자는 가톨릭교, 유대교, 그리스정교로 대변되는 유럽 남부와 동부—이탈리아, 그리스, 폴란드, 러시아, 발칸반도—에서 왔다. 이러한 인구 통계적 변동은 민족적 갈등, 문화적 다양성, 정치적 재편의 씨앗을 내포했다.

많은 사람이 서부의 농장에 정착했지만, 수천 명은 클리블랜드, 피츠버그, 세인트루이스, 시카고, 밀워키, 미니애폴리스 같은 산업 도시의 공장과 기계 제작소, 조차장 등에서 일자리를 얻었다. 갑자기 성장한 도시는 주택과 학교, 교통 수단이 부족해지는 등 각종 문제에 부닥쳐 비틀거렸다. 결핵이나 장티푸스 같은 질병이 뉴욕시의 로어 이스트 사이드처럼 가난한 이주민이 몰려 있는 비위생적인 빈민가에 무시무시한 피해를 주었다. 1870년 뉴욕시에서 태어난 아이의 20퍼센트 이상이 유아일 때 사망했다. 이러한 상황에서 교회, 유대교회당, 전도시설이 종교적 위안을 제공했고, 뮤직홀, 댄스홀, 살롱, 놀이공원의 생기 넘치는 대중문화가 이민자를 위협하는 스트레스와 위험 요소에서 적어도 일시적인 탈출구가 되었다.

도시 빈민은 중간계급에게 동정심뿐 아니라 공포감도 유발했다. 보도 사진가 제이콥 리스Jacob Riis는《다른 절반의 사람은 어떻게 살고 있는가How the Other Half Lives》(1890)에서 빈민가의 삶을 생생하게 환기했다. 시카고의 제인 애덤스Jane Addams 같은 개혁가는 사회복지 업무를 제공하고 새로 이주해온 사람과 중간계급 자원봉사자 사이에 공감대를 형성하기 위해 사회복지관을 열었다. 도시의 정당 조직은 이민자에게 일자리를 찾아주었지만, 종종 비리가 뒤따랐다. 윌리엄 M. 트위드William M. Tweed*가 지배한 뉴욕시의 행정은 도둑질로 악명이 높았는데,《뉴욕 타임스The New York Times》의 폭로 기사와《하퍼스 위클리Harper's Weekly》의 풍자만화에 자극받은 '가장 현명하고 훌륭한 시민'의 분노에 찬 개혁 공세가 1873년 그를 감옥에 집어넣었다.

수많은 공장이 일자리를 제공했지만, 엄청난 사회적 비용이 뒤따랐다. 휴가도, 쉬는 시간도 없이 장기간 계속되는 노동은 노동자의 심신을 지치게 했고, 임금은 낮았으며, 노동 조건은 위험했다. 빈번한 사고는 노동자의 가족을 비탄에 빠뜨렸다. 1890년 2,451명의 철도 노동자가 근무 중에 목숨을 잃었고, 2만 2,000명 이상이 다쳤다. 온정주의적 접근을 취하는 경영자가 더러 있었는데, 시카고 근교에 있던 철도 침대차 공장 소유주였던 조지 풀먼George Pullman은 노동자에게 주택과 문화시설을 제공했다. 하지만 자본가 대부분은 자신이 고용한 노동

---

* 민주당 소속 연방 하원의원과 뉴욕주 상원의원을 지냈다. 뉴욕시 민주당 지부를 장악하고 각종 이권을 차지해 '보스 트위드(Boss Tweed)'라고 불릴 정도로 악명 높았다. 19세기 미국의 어두운 면을 대표하는 정치인이다.

THE "BRAINS"

THAT ACHIEVED THE TAMMANY VICTORY AT THE ROCHESTER DEMOCRATIC CONVENTION.

1871년 만화가 토머스 내스트(Thomas Nast)가 그린 뉴욕시 정치계의 보스 트위드. 급속한 경제 성장에 압도되었던 많은 도시가 19세기 말 부패한 몇몇 정치인에게 지배당했는데, 이에 반발한 시민들이 모여 자치 도시 개혁 운동을 펼쳤다.

자에게 거의 관심을 두지 않았는데, 쉽게 대체할 수 있는 존재였기 때문이다. 게다가 경기가 침체하면 일방적인 해고와 임금 삭감이 자행되었다. 1893년부터 1897년까지 계속된 심각한 불황은 가공할 만한 고통을 동반했다. 시카고에서는 절망에 빠진 많은 사람이 음식을 찾아 쓰레기장을 뒤지기도 했다.

그런 상태는 소요와 노동조합 결성을 촉발했다. 1877년 철도 노동자는 임금 삭감에 저항하며 전국적인 파업을 단행했다. 1869년 필라델피아 의류 노동자가 창설한 노동기사단Knights of Labor은 인종이나 성별에 개의치 않고 모든 노동자의 연합을 꿈꾸었다. 빠르게 성장한 이 단체는 굴드의 위배시 철도에 대항해 1884년부터 1885년까지 파업을 진행하고 승리했다. 동시에 노동기사단은 일자리 경쟁을 두려워해 이민 제한 조치에 찬성했는데, 특히 중국인의 이주를 제한하라고 요청했다. 1882년 의회는 중국인 배척법Chinese Exclusion Act을 통과시켰는데, 이 법은 1943년까지 효력을 발휘했다.

시가 제조공, 인쇄공, 기계공 등으로 구성된 숙련공 조합은 노동기사단의 포괄적 방식*을 싫어했다. 그래서 1886년 직종별 조합이 모여 숙련공이 중심이 되는 미국노동총연맹American Federation of Labor을 창립했다. 새뮤얼 곰퍼스Samuel Gompers의 지도하에 미국노동총연맹은 자본주의 체제를 수용하고, 임금 인상과 이민 제한에 초점을 맞추었다. 1886년 5월 1일 주요 도시의 노동자가 하루 여덟 시간 노동을 요구하는 파업에 들어갔는데, 이는 여러 노동자 단체가 조직한 것이었다. 5월 3일에는 노동자 두 명이 시카고의 매코믹 하베스터 컴퍼니**에서 벌어진 파업에 참가했다가 경찰의 총격으로 죽었다. 다음 날 저녁 시카고의 무정부주의자들이 헤이마켓 광장에서 항의 집회를 열었다. 그때 갑자기 들이닥친 경찰에게 누군가 폭발물을 던져 한 명을 죽

---

* 노동기사단은 인종과 성별은 물론 숙련공과 비숙련공도 구분하지 않았고, 노동자라면 누구나 가입할 수 있었다.

** 1902년 인터내셔널 하베스터 컴퍼니로 합병되었다.

였다. 이후 벌어진 대혼란의 와중에 네 명의 참가자와 일곱 명 이상의 경찰이 죽었는데, 대부분 겁에 질린 경찰의 총격 때문이었다. '헤이마켓 학살'은 부유층과 중간계급을 겁먹게 했다. 종교 신문《회중교회 신자 Congregationalist》는 이렇게 선언했다. "시카고에서 일어난 사태처럼, 무정부 상태가 사람을 현혹해 폭도로 만들 때는, 전체적으로 보아 개틀링 기관총 Gatling gun 한두 정이 가장 효과적이고 자비로운 구제책이다." 헤이마켓 학살 이후 여덟 명의 무정부주의자가 체포되어 재판받았다. 검찰은 폭탄을 던진 사람과의 연관성을 증명하지 못했지만, 1887년 네 명은 교수형 당하고 한 명은 자살했다. 노동자의 대의를 지지한 일리노이 주지사 존 P. 알트겔드 John P. Altgeld가 1893년 복역 중인 세 명을 사면했고, 1896년 치러진 선거에서 낙마했다.

1892년 피츠버그 근처에 있는 카네기 철강 회사의 제강 공장 임원들이 노동조합을 결성하려는 노동자의 출근을 막고, 그들을 대체하기 위해 고용한 파업 파괴자(스캡 scab***)를 보호하고자 핑커턴 탐정사무소의 직원 300명을 투입했다. 곧 총격전이 벌어져 일곱 명의 노동자와 세 명의 핑커턴 탐정사무소 직원이 죽었다. 펜실베이니아 주지사가 동원한 주방위군이 파업을 분쇄했다. 2년 후 풀먼시의 노동자가 임금 삭감에 항의하며 파업하자, 미국철도노조 American Railway Union가 전국적인 동조 파업을 선언했다. 이에 "(국가가) 무정부 상태의 위험에

***원래 피부병을 뜻하는 단어로, 파업 파괴자나 비조합원을 경멸적으로 부르는 호칭이었다.

직면해" 있다고 판단한 법무장관이 파업을 분쇄하고 노동조합장 유진 V. 데브스Eugene V. Debs를 감옥에 보낼 법원의 명령을 확보했다(감옥에서 사회주의자로 전향한 데브스는 훗날 사회당 후보로 대통령 선거에 출마했다).

기업과 정부 엘리트가 극렬히 방해했으나, 노동조합은 계속 결성되었다. 하지만 노동기사단이 쇠퇴하고 미국노동총연맹은 숙련공 중심으로 제한되면서, 노동자 대부분은 여전히 미조직 상태로 남았다.

▌기업 그리고 정치

정치인은 거의 모든 면에서 기업의 이익만을 위해 일했다. 그들에게 노동자, 소비자, 도시 빈민의 이해관계는 관심거리가 아니었다. 이따금 돈의 주인은 바뀌었지만, 기업과 정부 엘리트의 이데올로기와 이익은 구분하기 어려울 정도로 비슷했다. 정부는 철도 건설에 보조금을 지급하고, 보호 관세법을 제정하며, 물리력을 동원해 파업을 깔아뭉갰다. 하지만 정부의 한 가지 개혁이 좋은 반응을 얻었다. 바로 독점 금지 개혁으로, 스탠더드 오일 트러스트*의 사례처럼 무분별한 기업 합병이 경쟁을 질식시킨다는 두려움을 반영한 것이었다. 정부는 1890년 제정된 셔먼 독점금지법Sherman Antitrust Act으로 "거래를 제한하는 모의"를 금지했지만, 거의 집행되지 않았다. 이 법으로 기소된 최

---

* 록펠러의 스탠더드 오일 컴퍼니와 관련 회사들이 1882년 스탠더드 오일 트러스트로 합병되었다.

초의 사례는 1894년의 일로, 대상도 기업이 아니라 데브스의 미국철도노조였다.

그 외에 다른 사건도 있었다. 의회는 북군 참전 용사에게 후한 보조금을 지급했는데, 이들은 정치적으로 강력한 압력 단체였다. 또한 1881년 공무원 지망생 찰스 J. 기토Charles J. Guiteau가 대통령 제임스 A. 가필드James A. Garfield를 암살한 이후, 1883년 의회는 정부의 일부 일자리는 후원자 채용 대신 시험을 거쳐 충원한다는 내용의 공무원법을 통과시켰다.**

당시 중요한 반기업적 정치 운동은 산업 노동자와 도시 빈민이 아니라, 남부와 대평원 지대의 농민을 동원했다. 이들은 추락하는 상품 가격, 경색된 신용, 차별적인 철도 요금, 높은 농기구 가격 등으로 빚에 허덕이고 있었다. 1880년대 결성된 농민 동맹Farmers' Alliance은 농산품의 시장 지배력을 높이고, 철도 회사, 장비 판매업자, 경영자에 대한 교섭력을 키우기 위해 협동조합을 결성했다. 농민 동맹의 급진적인 지도자들은 철도 요금을 낮추고, 신용 거래를 쉽게 할 수 있도록 동부의 은행가들을 규제할 정부 정책을 옹호했다.

신생 정당인 인민당Populist Party***의 대통령 후보가 1892년 100만 표 이상을 획득하며 서부 네 개 주에서 승리했다. 다음 대통령 선거가 치러진 1896년에는 부채, 가뭄, 불황으로 농민이 큰 타격을 입자, 인

** 당시 미국 정부는 엽관제(獵官制)에 따라 정권을 지지하고 후원했던 자들로 채워졌다. 그런데 가필드는 실력 위주로 공무원을 채용하고자 했다.

*** '민중당'으로도 부른다.

민당은 민주당과 연합해 농민 동맹이 요구하는 개혁안과 서부에 화폐 공급을 늘리고자 은화를 무제한 발행하는 안—서부의 은 광산 소유주가 후원한 개혁안—이 포함된 정강을 채택했다. 두 당의 연합 후보인 네브래스카주의 윌리엄 J. 브라이언William J. Bryan은 640만 표를 얻었지만, 산업 노동자의 표는 거의 끌어오지 못했다. 사실 산업 노동자는 농민과 공통점이 거의 없다고 생각했다. 이런 상황에서 공화당 후보 윌리엄 매킨리William McKinley가 기업과 금융 엘리트의 막대한 재정 후원을 받아 어렵지 않게 승리했다.

이 시기 농업 개혁가는 정치 과정에 활기를 부여하고 규제받지 않는 기업의 권력을 심각한 문제로 인식했지만, 단일한 이익 집단만을 대변했다. 따라서 산업 노동자나 소비자를 끌어들이는 데 실패했다. 1930년대가 되어서야 프랭클린 D. 루스벨트Franklin D. Roosevelt가 농민과 산업 노동자를 모두 포함한 개혁 동맹을 만들게 될 것이었다.

▮ 인종 카스트

아프리카계 미국인은 주로 남부에 거주하며, 대부분 차지농과 소작농으로 일했는데, 노골적 인종주의를 겪고 투표권 행사를 방해받았다. 남부의 주요 정당인 민주당은 백인 우월주의를 확고히 옹호했다. 부커 T. 워싱턴Booker T. Washington*이 앨라배마주에 설립한 터스키기

---

* 노예 출신으로 남북 전쟁 이후 흑인의 지위 향상을 위해 노력했다. 다만 흑인의 평등한 권리를 요구하기보다는 기술 교육과 경제 자립을 목표로 했다.

기술학교Tuskegee Institute와 소수의 다른 학교가 아프리카계 미국인에게 직업 교육을 제공했지만, 엄격한 인종적 위계의 틀에서 벗어나지 못했다. 북부의 아프리카계 미국인은 관습적으로 유색인 지구에 모여 살았는데, 이발사나 철도역 짐꾼 같은 보수가 낮고 하찮은 일을 도맡았다.

연방 정부는 이러한 인종 카스트를 묵인했다. 실제로 1896년 벌어진 플레시 대 퍼거슨 사건Plessy v. Ferguson**에 대해 대법원은 "(철도에서) 백인과 유색인종에게 시설을 평등하지만 분리해" 제공하라고 규정한 루이지애나주의 법령을 7대 1의 판결로 지지했다. 대법원은 이것이 "법의 동등한 보호"를 보증하는 수정헌법 제14조를 침해했다는 플레시와 변호인의 주장을 기각했다. 이 사건 이후 인종 분리는 훨씬 더 엄격하게 시행되었다. 이 부끄러운 결정에서 그래도 한 가지 빛난 것은, 자신도 과거에 노예주奴隷主였던 대법관 존 M. 할런John M. Harlan의 신랄한 이의 제기였다. 그는 이렇게 말했다. "우리의 헌법은 색맹이다.*** …… 시민권과 관련해 모든 시민은 법 앞에 평등하다. 철도 객차의 '평등한' 시설이라는 이 얄팍한 위장으로는 아무도 호도하지 못할 것이고, 오늘 범한 잘못을 속죄하지도 못할 것이다."

** 제화공 호머 플레시(Homer Plessy)가 1892년 루이지애나주 뉴올리언스에서 출발하는 기차의 백인 칸에 탑승했다. 이를 확인한 차장이 그에게 흑인 칸으로 이동하라고 명령했지만, 말을 듣지 않아 체포되어 재판받게 되었다. 존 H. 퍼거슨(John H. Ferguson)은 그가 흑백 분리를 규정한 열차법을 위반했다고 판결한 루이지애나주 법원의 판사다.

*** 인종 차별을 하지 않는다는 뜻이다.

이러한 최악의 상황에서도 소수의 아프리카계 미국인 지도자는 대담하게 인종주의에 이의를 제기했다. 저널리스트 아이다 B. 웰스Ida B. Wells는 아프리카계 미국인 공동체에 가한 백인 인종주의자들의 테러를 기록한 《더 레드 레코드The Red Record》(1895)를 출간했다.

여성의 상황은 매우 천차만별이어서, 지리, 인종, 민족, 계급에 따라 달라졌다. 아프리카계 미국인 여성은 인종과 성별이라는 이중의 차별에 직면했다. 농가의 여성은 육아와 가사, 허드렛일을 하는 와중에 종종 외로움과도 싸워야 했는데, 대평원 지대에서 특히 그러했다. 농민동맹과 인민당의 활동이 일부 사람에게 공적으로 말할 기회를 주었다. 캔자스주의 메리 리스Mary Lease는 인민당의 열정적인 연설가였는데, "더 적게 곡식을 재배하고 좀더 많이 항의하라"라며 농민을 부추겼다.

도시의 상류사회 여성은 여가 생활을 즐기는 특권을 누렸다. 이와 대조적으로 이민 온 여성은 극도로 혹독한 삶을 맛보았다. 어떤 이는 빈약한 가족 소득을 보충하기 위해 남의집살이를 하거나 공장에서 착취당했다. 늘어나는 중간계급 여성 가운데 일부는 대학 교육을 받고 교사, 사서, 간호사, 사무원, 또는 뉴욕시의 메이시스Macy's 같은 백화점의 점원 등으로 일했다. 급증하는 여성 운동이 여성에게 사회적 지원과 문화적 풍요를 제공했다면, 사회복지관과 자선 단체 운동은 자원봉사의 기회를 제공했다. 가사 노동을 여성에게 적절한 활동 범위로 제한하는 문화적 억측이 만연했는데도, 도시 생활은 새로운 비전을 제시했고, 스탠턴과 앤서니 같은 노련한 페미니스트는 투표권과

양성평등을 위한 전투를 계속함으로써 장래의 진보를 위한 기초를 놓았다.

▌도금 시대의 작가들

록펠러, 헌팅턴, 모건 같은 재개의 거물은 그 시대에 흔적을 남겼는데, 이로써 증오, 적대, 또는 어쩔 수 없는 감탄을 불러일으켰다. 어떤 이는 도서관과 오케스트라 공연장 같은 문화 시설을 기증했고, 어떤 이는 훗날 박물관으로 가게 될 방대한 미술품을 모았다. 카네기는 허레이쇼 앨저Horatio Alger 같은 작가가 공급한 '가난뱅이로 태어나 거부가 된 인생 역전 신화'의 원형이 되었다. 앨저는 《누더기를 걸친 딕Ragged Dick》(1867)에서 정직과 검약―그리고 실제로는 일어날 것 같지 않은 뜻밖의 행운―으로 신분을 바꿀 수 있다고 설교했다.

몇몇 사상가는 잔인할 정도로 경쟁적인 새로운 질서를 환영했다. 일찍이 1850년 영국의 사회학자 허버트 스펜서Herbert Spencer는 경쟁적 투쟁이 적자생존을 보증한다고 주장했다. 찰스 다윈Charles Darwin은 《종의 기원On the Origin of Species》(1859)에서 자연도태―몇몇 개체의 생존과 재생산을 돕는 우연 변동―를 진화적 변화의 기제로 보았다. 그 당시 예일대학교 교수였던 사회학자 윌리엄 G. 섬너William G. Sumner는 똑같은 과정이 인간 사회에도 작동하며, 따라서 정부와 개혁가가 손대지 않고 내버려 둔다면 억제되지 않은 경쟁이 사회적 진보를 보증한다고 설명했다. 사회의 낙오자를 돕는 일은 그저 부적합자의 생존을 보장하는 것이었다. 그는 아주 인상적으로 이렇게 선언했다. "(자연이) 이제는 무용지물이 된 것을 제거할 때 사용하는 …… 해체 과정 (을 진행 중이다.)"

사회진화론Social Darwinism의 냉정한 견해에 도전한 레스터 워드Lester Ward는《역동적 사회학Dynamic Sociology》(1883)에서 진화의 적절한 단위는 개인이 아니라 사회 자체라고 주장했다. 사회는 경쟁을 극대화하고 낙오자를 그들의 운명에 떠맡김으로써 진보하는 것이 아니라, 약자와 극빈자를 포함한 모든 사람의 복지를 촉진함으로써 진보한다고 강조 했다.

마크 트웨인Mark Twain과 찰스 D. 워너Charles D. Warner는《도금 시대 The Gilded Age》(1873)에서 남북 전쟁 이후 사회가 천박하고 저속하게 변 했다는 견해를 제시했다. 경제학자 소스타인 베블런Thorstein Veblen은 《유한 계급론The Theory of the Leisure Class》(1899)에서 부자들이 부를 과시하 고 우월성을 뽐내는 수단인 과시적 소비를 자세히 분석했다. 하우얼 스의《사일러스 래펌의 출세The Rise of Silas Lapham》(1885)는 벼락부자가 된 페인트 업계의 거물이, 냉혹한 경쟁 끝에 파산에 내몰리면서도 보 스턴의 상류사회로 진입하려는 처절한 노력을 그렸다. 프랭크 노리스 Frank Norris는《문어The Octopus》(1901)에서 캘리포니아주의 철도 거물이 자신에게 도전한 농민을 짓밟는 잔인함을 생생하게 보여주었다.

도시-산업 국가의 (모든 계층의) 여성이 어떠한 삶을 살아가는지 탐 구한 작가도 있었다.《거리의 여인 매기Maggie: A Girl of the Streets》(1896)에 서 스티븐 크레인Stephen Crane은 순진한 빈민가 소녀가 유혹에 빠져 매 춘부로 전락하는 과정을 그렸다. 뉴올리언스의 작가 케이트 쇼팽Kate

Chopin이 쓴《각성The Awakening》(1899)은 권태로운 유한계급 여성이 자신이 속한 사회 계층의 성적 예절을 조롱한 후 배척당하고 결국 자살로 내몰린다는 이야기다. 샬럿 P. 길먼Charlotte P. Gilman의 단편 소설 〈노란 벽지The Yellow Wall-Paper〉(1892)는 애지중지 귀염받는 젊은 아내가 공허한 생활 등으로 결국 신경 쇠약에 빠진다는 내용으로, 작가 자신의 경험이 녹아 있다. 이후 길먼은《여성과 경제학Women and Economics》(1898)에서 여성 종속의 역사적 기원과 그것이 근대에도 시대착오적으로 계속되는 상황을 탐구했다. 이러한 작품은 트웨인과 워너가 이야기한 '도금 시대'의 암울하고 냉정한 모습을 충실히 그렸다.

▌전쟁을 부른 팽창

산업화가 진행되면서, 수많은 정치인, 저널리스트, 경영자, 군사 전략가가 미국의 국제적 역할에 팽창주의적 의견을 제시했다. 유럽 국가들이 아프리카와 아시아에서 식민지를 획득하고 있었으므로, 미국의 기업과 농업 관련 이익 집단도 나라 밖을 바라보았다. 시장을 확보하려는 시도가 팽창주의적 충동을 자극했다. 1890년 국무장관 제임스 G. 블레인James G. Blaine은 이렇게 말했다. "미국은 국내 시장의 수요를 초과하는 …… 많은 제품을 …… 개발했다. 우리에게 현재 필요한 것은 팽창이다."

1893년 하와이에서 설탕 농장주—일부는 1820년대 도착한 선교사들의 후손이었다—가 쿠데타를 일으켰다. 미군의 지원을 받은 그들은 여왕 릴리우오칼라니Lili'uokalani를 끌어내렸고 미국에 합병을 요청했다. 그렇게 1898년 하와이가 미국의 한 주로 편입되었다. 같은 시기 뉴욕시의 타블로이드판 신문들은 스페인이 식민지인 쿠바의 반란 세력을 가혹하게 진압한다며 비난하고 있었다. 쿠바는 미국의 투자자들이 광대한 규모의 설탕 플랜테이션을 소유하고 있는 곳이었다. 미국 전함 메인Maine호가 1898년 2월 15일 아바나 항구에서 폭발해 266명의 해군이 죽자, 대외 강경론에 사로잡힌 언론 매체가 즉각 스페인을 비난하고 전쟁을 주장했다. (폭발 원인은 여전히 명확하게 규명되지 않았다.) 당시 대통령이었던 매킨리가 그런 요청에 응했고, 4월 20일 의회는 전쟁을 선포했다. 스페인의 소규모 쿠바 주둔군과 함대는 이내 (시어도어 루스벨트Theodore Roosevelt 대령이 지휘한 의용 기병대가 포함된) 미군의 공격으로 무너졌는데, 그러면서 많은 사상자가 발생했다. 특히 5,000명 이상의 미군이 죽었는데, 대부분 질병과 식중독 때문이었다. 이후 미국은 쿠바를 공식적으로 병합하지는 않았지만, (워싱턴의 한 외교관이 묘사했듯이) 이 "빛나는 작은 전쟁"으로 수십 년간 경제적·군사적 지배를 계속할 수 있었다.

1898년 체결된 평화조약*에 따라, 2,000만 달러를 받는 대가로 스페인은 식민지였던 푸에르토리코, 괌, 필리핀—필리핀의 스페인 관리들은 조지 듀이George Dewey 제독이 이끄는 미국 해군 함대가 마닐라를 봉쇄한 이후 항복했다—을 미국에 이양했다. 이후 미국은 조약에 반발하고 독립을 요구한 필리핀 저항 세력과 3년간 전쟁을 치러야 했

---

* 파리에서 체결되어 '파리조약'으로도 불린다.

다.** 그 전쟁으로 4,000명 이상의 미국인이 목숨을 잃었고, 민간인과 군인을 합쳐 어림잡아 20만 명의 필리핀인이 죽었다.

1840년대 멕시코 전쟁이 반발을 샀던 것과 꼭 마찬가지로, 이 새로운 팽창주의의 큰 파도는 미국 내 저항을 불러일으켰다. 한 의회 위원회에서는 미군이 '물고문'이라고 불린 기술 등으로 필리핀인을 고문했다는 증언이 나왔다. 애덤스, 카네기, 트웨인, 철학자 윌리엄 제임스William James 등이 소속된 반제국주의연맹Anti-Imperialist League은 제국주의적 팽창이 미국의 건국 이념을 저버리는 것이며, 미국이 수행하는 국제적 역할이 잘못된 방향으로 전환되는 것일 수 있다고 강력히 경고했다.

많은 미국인이 남북 전쟁 이후 국가의 경제적 발전에 자긍심을 느꼈다. 실제로 산업화는 물질적 개선이라는 약속을 지켰다. 그러나 그 것의 정치적·사회적·국제적 결과는 여러모로 재앙적이었다. 착취당하는 노동자, 위험한 공장, 도시의 빈민가, 극단적 계급 분열, 자본가 계급에 굴종하는 정치 같은 부작용이 발생했다. 아프리카계 미국인의 처지에서, 사회에 만연한 인종주의는 남북 전쟁의 성과를 조롱하는 것이었다. 여성에게 새로운 질서의 영향력은 기껏해야 장단점이 뒤섞인 것이었다. 몇십 년간의 산업화, 도시 성장, 미군의 해외 파병을 경험한 후인 1900년 미국인의 약 40퍼센트는 가난했고, 미군은 필리핀에서 자유의 전사와 싸우고 있었다. 1879년 휘트먼은 "(이러한 추세가

** 전쟁은 1899년부터 1902년까지 벌어졌다.

계속된다면) 우리의 공화국 실험은 표면상으로는 성공한 듯해도, 내적으로는 건강하지 못한 실패"라고 고백했다.

그렇게 새로운 세기가 밝아오고 있었다. 이제 국민의 누적된 불만이 개혁주의 에너지를 새롭게 고조시킬 것이었다.

6장

1900~1920년
혁신과 반동

1911년 3월 25일 뉴욕주의 트라이앵글 셔츠웨이스트Triangle Shirtwaist
공장의 고층에서 일하던 여성 재봉사들이 길었던 한 주를 마무리하
고 있었다. 그때 갑자기 화재가 발생했다. 소화기나 피난 장치 같은
것은 아예 없었고, 비상구나 비상계단으로 향하는 문은 잠겨 있었다.
(이는 소방법 위반이었다.) 대부분 이민자였던 젊은 여성 재봉사들에게
선택의 여지는 별로 없었다. 그녀들은 걷잡을 수 없는 화재를 피하려
고 창밖으로 뛰어내렸고, 모두 146명이 죽었다. 이 재앙은 산업화에
따라 인간이 치르고 있는 대가를 대중이 진지하게 인식—여러 해 동
안 증대하고 있던 인식—하도록 했다. 19세기 말에 이르러 산업화와
도시화의 사회적 결과는, 생각 있는 많은 미국인을 혼란스럽게 했고,
역사가가 혁신주의 운동Progressive Movement이라고 부르는 개혁주의의

경찰이 트라이앵글 셔츠웨이스트 화재 희생자의 시신을 수습하고 있다. 이 재앙으로 미국은 그동안 규제되지 않은 산업 팽창의 사회적·인간적 비용이 얼마나 막대한지 직면하게 되었다.

등장을 부채질했다.

　한편 1914년에는 오랫동안 곪아 있던 유럽 국가 간의 관계가 전쟁으로 번졌다. 미국은 전쟁 발발 직후 중립을 선언했지만, 대통령 우드로 윌슨Woodrow Wilson은 결국 군대를 파병했다. 윌슨의 이상주의적 수사에 고무된 많은 미국인이 숭고한 결의로 응답했다. 하지만 전쟁은 편협함과 두려움의 기류를 유발했고, 전쟁이 끝난 후 환멸적인 분위기가 퍼져나갔다.

▌힘을 얻은 개혁 동력

이미 도금 시대에, 규제되지 않은 기업 권력은 계급 격차를 심화하고, 공장과 도시의 상황을 끔찍하게 함으로써 많은 관심을 불러일으켰다. 진보적 성향의 성직자는 그들이 '사회적 복음'이라 부른 것을 설교하면서, 가난하고 착취당하는 사람을 위한 배려가 곧 예수의 가르침이라고 주장했다. 영국의 개혁가 윌리엄 스테드William Stead는《그리스도가 시카고에 오신다면*If Christ Came to Chicago*》(1893)에서 안락한 생활을 하는 중간계급 기독교 신자에게 미국의 암울한 이면을 직시하라고 요구했다. 캔자스주 토피카의 조합교회 목사 찰스 쉘던Charles Sheldon은 자신의 베스트셀러《그분의 발자취: 예수님이라면 어떻게 하실까?*In His Steps; What Would Jesus Do?*》(1896)에서 똑같은 메시지를 전했다. (쉘던의 메시지는 오늘날 'WWJD'*를 새긴 팔찌, 커피잔, 자동차 범퍼 스티커 등에서 찾아볼 수 있다.)

몇몇 개혁가는 도덕심 향상에 초점을 맞추었다. 각각 1874년과 1895년 설립된 기독교여성금주연합Woman's Christian Temperance Union과 반살롱연맹Anti-Saloon League은 알코올 금지 운동을 벌였다. 매춘 금지 운동은 노예제도 폐지 운동을 환기하며 '백인 노예제도'의 근절을 촉구했다. 어떤 개혁가는 영국, 독일, 오스트레일리아 그리고 그 밖의 지역에서 도출된 개혁안 같은 더욱 근본적인 해결책을 요구했다. 이 근본적인 해결책에는 선거 개혁, 노동조합 지원, 정부의 기업 규제, 안전하지 못한 공장과 아동 노동 그리고 이민자 도시의 비위생적 상태를 다루는 법률이 포함되어 있었다. 또 다른 개혁가는 사회주의를 받아들이기까지 했다.《민주주의와 사회 윤리*Democracy and Society Ethics*》(1902)

---

* 'What Would Jesus Do?'의 머리글자.

에서 애덤스는 사회복지관에서 쌓은 경험에 근거해, 산업 시대에 민주주의는 투표권뿐 아니라 사회의 가장 절망적이고 취약한 구성원의 곤경을 개선하려는 공적인 노력을 포함해야 한다고 주장했다. 저널리스트 허버트 크롤리Herbert Croly는《미국인의 삶의 전망The Promise of American Life》(1909)에서 행동주의적 정부가 필요하다는 해밀턴의 요구—이제는 자본가 계급뿐 아니라 모든 계급의 이익을 위해—를 부활시켰다.

《매클루어McClure》와《콜리어스Colliers》같은 대중 잡지는 도시화되고 산업화된 미국의 끔찍한 상태를 전했다. 이러한 폭로는 종종 책으로 출간되어 큰 영향을 미쳤다. 아이다 타벨Ida Tarbell은《스탠더드 오일 컴퍼니의 역사History of the Standard Oil Company》(1904)에서 록펠러의 무자비한 전략을 상세하게 기록했다. 데이비드 G. 필립스David G. Phillips는 《상원의 반역The Treason of the Senate》(1906)에서 정치를 옭매는 대기업의 작업을 파헤쳤다. 존 스파고John Spargo는《어린아이들의 비명The Bitter Cry of the Children》(1906)에서 노동력을 제공하는 어린아이 170만 명의 삶을 가슴 뭉클하게 묘사했다. 업턴 싱클레어Upton Sinclair의《정글The Jungle》 (1906)은 시카고의 식품 포장 공장들이 얼마나 비위생적이고 어떻게 노동자를 착취하는지 폭로해, 소비자에게 썩은 고기의 위험성을 깨닫게 했다. 그는 나중에 이렇게 회상했다. "나는 대중의 가슴을 목표로 했는데, 우연히 위장을 건드렸다."

일단의 개혁가는 뉴욕시나 샌프란시스코 같은 주요 도시에 만연한 부패와 싸웠는데, 이는 링컨 스테펀스Lincoln Steffens의《도시의 수치The

Shame of the Cities》(1904)에 상세하게 기록되었다. 기회를 감지한 몇몇 사업가는 기업의 영향력을 키우고 이민자의 정치력을 줄이기 위해, 구 단위의 선거보다는 도시 전체 규모의 선거 그리고 시장보다는 '시의회가 임명한 시정 담당관'을 도입하는 구조적 개혁을 제안했다. 몇십 년간의 마구잡이식 성장 이후, 도시 계획과 미화를 옹호하는 목소리가 높아졌는데, 도시가 아름다울수록 시민성도 높아지리라는 이유에서였다.

지역 단위와 주 단위의 여러 개혁은 공장 안전 기준 준수, 아동 노동 금지, 공장 굴뚝으로 오염 물질 배출 제한 같은 노동자 보호와 사업 규제에 집중되었다. 트라이앵글 셔츠웨스트 화재 이후, 뉴욕주는 다수의 노동자 보호 법률을 제정했다. 주 단위의 다른 개혁으로는 노무자 산재 보상법(메릴랜드주, 1902), 여성 노동자의 하루 최대 열 시간 노동법(오리건주, 1903), 최저임금법(매사추세츠주, 1912) 등이 있었다. 헐 하우스Hull House*에 거주하던 플로렌스 켈리Florence Kelley가 1899년 설립한 전국소비자연맹The National Consumer's League은 개혁을 위한 중간계급의 지지를 모았다.

위스콘신주에서는 공화당 연방 하원의원 로버트 라폴레트Robert La Follette가 철도 회사 등의 이익 집단이 공화당을 지배하는 것에 항의함으로써 1900년 주지사에 당선되었다. 그는 위스콘신대학교의 교수들

---

* 복지시설이 갖추어지지 않은 빈곤 지역에 부자가 정착해 그곳의 가난한 사람과 상호 교감하는 거주 운동을 위해 지은 건물이다.

과 논의해, 기업의 정치 권력을 억제하기 위한 법인세 인상, 주 철도위원회 설치, 선거 비용 규정과 직접 예비선거 제도** 등을 법률로 규정했다.

▌혁신주의의 확산

1901년 9월 뉴욕주 버펄로에서 한 무정부주의자가 당시 대통령이었던 매킨리에게 총격을 가했다. 일주일 후 매킨리가 사망하자, 뉴욕 주지사를 지냈고 스페인과의 전쟁에서 거둔 무공으로 유명해진 42세의 부통령 루스벨트가 백악관에 입성했다. 저명한 네덜란드 이민자 가문 출신의 그는 대중의 이익을 보호하고 국가의 위대함을 보장하기 위해 강력한 대통령이 필요하다고 생각했다. 그는 사업과 정치를 지배하는 '큰손 후원자big money man'***를 싫어하고 불신했다. 대통령의 권한을 강화한 그는 무한한 열정을 품었고 주목받는 것을 좋아했다. 나중에 그의 딸이 회고했듯, "(그는) 항상 모든 장례식의 망인, 모든 결혼식의 신부, 모든 세례식의 어린아이이기를 원했다."

1902년 광부들이 파업을 벌이자, 루스벨트는 전임자들의 반노동적 성향을 뒤집고 광산 소유주가 광부에게 더 높은 임금과 더 짧은 노동 시간을 보장하도록 중재했다. 모건과 다른 금융업자들이 북서부에서 철도 사업을 통제하는 트러스트를 고안했을 때, 루스벨트의 법무장

***
** 당원이 직접 투표해 후보자를 지명하는 제도다.
*** 정치 자금을 많이 내고, 또 그만큼 이득을 얻는 부자를 가리킨다.

관은 그들이 셔먼 독점금지법을 침해했다고 고소했다. 대법원이 고발의 타당성을 인정함으로써, 루스벨트는 '트러스트 파괴자'라는 평판을 얻었다. 그는 주간통상위원회Interstate Commerce Commission에 철도 통제권을 부여하고, 1906년 헵번법Hepburn Act의 통과에 중요한 역할을 했다. 이 법은 철도 회사가 정치인이나 대중의 비위를 맞추는 관행*을 금지했다. (1887년 철도 산업의 폐습을 규제하기 위해 창설된 주간통상위원회는 적대적인 법원 판결에 절름발이가 되어 있었다.) 같은 해 의회는 식품의약품법Pure Food and Drug Act과 식육 검사법Meat Inspection Act을 통과시켜, 안전하지 않은 음식과 의약품을 규제하고, 싱클레어가 《정글》에서 그 실태를 생생하게 묘사한 식품 포장 공장들을 조사하도록 했다.

루스벨트는 산업화가 사회뿐 아니라 자연에 미친 영향도 인정했다. 국립공원과 천연자원 보존을 옹호한 그는 규제되지 않은 벌채와 채굴을 막음으로써, 수백만 제곱킬로미터의 공유지를 보호하는 데 앞장섰다. 1902년에는 공유지를 판매해 얻은 이익을 댐과 관개시설 건설에 사용하는 간척법National Reclamation Act 통과를 지지했다.

1908년 루스벨트는 대통령 선거에 도전하기를 거절하고,** 전쟁장관 윌리엄 H. 태프트William H. Taft를 지지했다. 대통령에 당선된 태프트는 친기업, 고관세 정책을 지지하는 전통적인 공화당원이었지만, 연방 정부의 반독점 기소를 확대했다. 그러나 그는 루스벨트가 옹

---

* 철도 회사 간 경쟁하는 지역에서는 가격을 할인하고, 그렇지 않은 곳에서는 바가지요금을 부과하는 관행 그리고 특정인에게 무임승차권을 제공하는 관행을 말한다.
** 1901년 암살당한 매킨리를 대신해 대통령이 된 루스벨트는 1904년 재선에 성공했다.

호한 관세 개혁가와 자연 보호론자를 소외시켰다. 이에 루스벨트가 1912년 대통령 선거를 앞두고 공화당 후보 경선에 나섰으나, 현직 대통령인 태프트가 승리했다. 루스벨트는 포기하지 않고 공화당을 탈당, 제3당인 혁신당Progressive Party의 후보로 대통령 선거에 나섰다. (루스벨트가 활기 넘치게 "나는 수컷 큰사슴Bull Moose처럼 건강하다"라고 선언한 다음부터 혁신당은 '불무스Bull Moose당'으로 불렸다.) 이 선거에서는 공화당의 분열로 민주당 후보 윌슨이 당선되었다. 그는 프린스턴대학교 총장을 지낸 뉴저지 주지사로 루스벨트나 태프트에 비하면 정치 신인에 가까웠다. 사회당의 데브스는 89만 7,000표를 얻었는데, 이는 통제되지 않은 자본가 권력에 대한 광범위한 혐오를 반영하는 것이었다.

개혁 정신을 유지한 윌슨은 1913년 언더우드 관세Underwood Tariff 통과를 지지했는데, 이 관세의 낮은 세율에 농민과 소비자가 모두 만족했다. 1913년 그는 국가의 금융 체계를 연방준비제도이사회Federal Reserve Board——통화 관련 강력한 권한을 지닌 새로운 민관 기관——를 정점으로 개편하는 연방 준비법Federal Reserve Act의 의회 통과에 주도적 역할을 했다. 1914년 다시 한번 그의 적극적 관여로, 의회는 불공정 경쟁 관행을 규제하기 위한 연방거래위원회Federal Trade Commission를 창설하고, 기업의 비합법적 관행을 구체적으로 규제하는 클레이튼 독점금지법Clayton Antitrust Act을 통과시켜 셔먼 독점금지법을 강화했다.

1916년 윌슨은 빚에 허덕이는 농민을 돕고, 연방 정부의 피고용인이 업무 중에 입은 상해를 보상하며, 아동 노동으로 만들어진 상품은 주 간 거래를 금지하는 조치를 지지했다. (보수적인 대법원은 2년 후 이 조치가 헌법에 어긋난다고 판결했다.) 그해 가을 윌슨은 재선에 성공했다.

1913년에 비준된 두 개의 수정헌법 조항은 개혁 정신을 반영했다. 제16조는 연방 소득세를 재가했고, 제17조는 연방 상원의원을 주의 회의 간접선거가 아닌 시민의 직접선거로 선출하도록 했다. (기업은 주의회에서 영향력을 발휘하고 뇌물을 사용할 기회가 많았다.) 개혁의 활기는 계속해서 끓어올랐다. 여성 운동은 투표권 획득에 집중했는데, 대학에서 교육받고 전문직에 종사하는 여성이 대오에 합류하면서 힘을 얻었다. 캐리 C. 캐트Carrie C. Catt가 이끄는 전미여성참정권협회National American Woman Suffrage Association는 주 단위의 참정권 운동에 초점을 맞추었다. 1911년 캘리포니아주에서 성공한 운동이 대표적이다. 엘리스 폴Alice Paul이 이끄는 조직은 영국 활동가의 전략을 모방했는데, 여성의 참정권을 보장하도록 의회를 설득하는 데 집중했다.

용감한 아프리카계 미국인 지도자와 백인 협력자는 인종적 정의를 실현하기 위한 투쟁을 이어나갔다. 《보스턴 가디언Boston Guardian》의 편집자 윌리엄 M. 트로터William M. Trotter는 워싱턴이 인종 문제를 공개적으로 언급하지 않는 것을 비판하면서, 더욱 적극적으로 이의를 제기해야 한다고 주장했다. 하버드대학교에서 교육받은 역사가이자 (아프리카계 미국인을 교육하기 위해 1865년 노예제도 폐지론자가 세운) 애틀랜타대학교의 교수 W. E. B. 듀보이스W. E. B. Du Bois는 《흑인의 영혼The Souls of Black Folk》(1903)에서 인종 차별 문제를 제기했다. 1909년 그와 다른 아프리카계 미국인, 개리슨 등의 백인 지지자가 모여 전미유색인지위향상협회National Association for the Advancement of Colored People를 창설했다. 간행물《크라이시스Crisis》와 지역 분회의 네트워크를 통해 협회는 불법 린치에 대항하고, 법정에서의 인종 분리에 도전하며, 인종주의를 비판하는 운동의 선봉에 섰다.

▌혁신주의의 성취와 맹점

혁신주의 개혁가는 언론과 교회, 정치 등을 동원해 산업화와 도시 성장 그리고 규제되지 않은 기업의 권력 때문에 생긴 사회 문제를 폭로했다. 곧 있을 뉴딜이 혁신주의 시대의 선례에 의존하게 될 것이었다. 몇십 년 후에는 루스벨트의 자연 보호론적 윤리가 환경 운동을 고무하게 될 것이었다.

그렇지만 이 20세기 초의 개혁가는 대부분 백인이었고 미국 태생이었으며 중간계급이었다. 따라서 그들이 살던 시대에 존재한 많은 편견과 맹점에서 벗어나지 못했다. 어떤 이는 산업화로 불거진 문제를 이민자 탓으로 돌렸다. 보스턴의 엘리트는 1894년 이민제한연맹 Immigration Restriction League을 창설했고, 1911년 발표된 의회 보고서는 이민자의 신체적·도덕적 결점이라는 근거 없는 이야기를 널리 퍼뜨렸다.《위대한 인종의 소멸The Passing of the Great Race》(1916)에서 저명한 환경 보호론자 매디슨 그랜트Madison Grant는 유대인, 아프리카계 미국인, 남부와 동부 유럽인보다 노르딕 인종이 우수하다는 것을 증명하기 위해 유사 과학적 자료를 제시하기도 했다.

단지 몇몇 혁신주의자만이 인종주의나 차별에 항의했다. 사실 남부의 많은 혁신주의자가 백인의 패권과 인종 분리를 옹호했다. 루스벨트는 백악관에서 터스키기 기술학교의 설립자 워싱턴을 환대했지만, 정작 이 문제는 회피했다. 버지니아주 출신인 윌슨은 큐클럭스클랜을 미화하는 D. W. 그리피스D. W. Griffith의 1915년 영화 〈국가의 탄생The Birth of a Nation〉에 찬사를 보냈다. 윌슨이 대통령이던 시절에는 인종 분리가 공공 영역에 만연했다. 역사에서 종종 그렇듯이, 최종적인 평가는 엇갈린다. 혁신주의자들의 업적은 인상적이지만, 유감스러운 결점 또한 시대를 반영하는 것이었다.

▌힘을 동원한 달러 외교

미국의 자본가는 계속해서 해외로 눈을 돌렸다. 유럽 열강이 경제적 특권을 얻기 위해 중국에 압력을 가하던 1899년과 1900년, 국무장관 존 헤이John Hay는 중국에서 미국의 상업적 이익을 확고히 하는 이른바 문호 개방Open Door 선언을 몇 차례 발표했다. ('문호 개방'이라는 용어는 중국의 무역 개방에 대한 워싱턴의 관심을 반영한 것이다.) 1900년 중국인의 반외세 봉기인 의화단 반란을 진압한 서구 열강의 군대에는 미군이 포함되어 있었다. 1907년 루스벨트는 미국의 해군력을 과시하기 위해, 전함, 구축함, 지원 선박 등으로 함대를 구성, 세계를 순회하게 했다. 함대는 역시 자국의 해군력을 자랑스러워하던 일본도 들렀다.

또한 루스벨트는 광물과 각종 상품뿐 아니라 투자 기회의 원천으로서 라틴아메리카에 대한 미국의 권리를 확고히 하고자 했다. (1899년 창설되어) 보스턴에 본사를 둔 유나이티드 프루트 컴퍼니United Fruit

Company는 바나나와 커피 그리고 각종 상품을 수입하는 회사였는데, 당시 미국과 라틴아메리카 양쪽에서 막강한 경제적·정치적 권력을 휘둘렀다. 여기에 더해 1904년 루스벨트는 먼로주의를 수정한 '루스벨트 추론Roosevet Corollary'을 발표했다. 그는 (라틴아메리카의) 어떠한 국가라도 상습적 비행을 저지르면 미국의 군사적 개입을 초래할 것이라고 경고했다. 루스벨트 다음 대통령인 태프트도 '달러 외교'* 라고 부르는 방법으로 해외에서 미국의 경제적 이익을 증진하고자 했다.

1914년 미국은 대서양과 태평양을 연결해 무역을 증진할 파나마 운하를 개통했다. 프랑스의 파산한 운하 건설 회사를 1902년 매입한 루스벨트 행정부는 파나마에서 그리고 콜롬비아 일부에서 반란을 조직했다.** 이후 미국은 콜롬비아와 새로 부화한 파나마에 상당한 액수를 주고, 운하 프로젝트를 진행했다.

태프트 다음으로 대통령이 된 윌슨도 비슷한 기조를 유지했다. 그는 멕시코에 개입했는데, 멕시코는 1911년 혁명으로 미국이 보유한 석유 산업과 광업의 지분을 위태롭게 하고 있었다. 자신이 혐오한 장군이 통치하는 정부를 타도하기 위해, 그는 1914년 베라크루스로 군대를 파견했다. 1916년 멕시코의 한 '산적' 떼가 열여섯 명의 미국 광

---

* 경제적으로 침투해 재정을 장악하되, 필요할 경우 무력을 동원하는 정책이다. 루스벨트 만큼이나 팽창주의를 노골화했다고 평가받는다.

** 운하가 건설될 파나마 지역은 당시 콜롬비아 영토였다. 미국은 운하를 건설한 다음 100년 동안 임차하려 했으나, 그 비용이 적어 콜롬비아 상원이 비준을 거부했다. 이에 미국은 운하 건설에 찬성하는 파나마 정치인들을 지원했고, 그 결과 1903년 11월 콜롬비아에서 반란이 일어나 결국 파나마가 분리, 독립했다.

1906년 파나마 운하 건설 현장을 방문한 루스벨트. 이 운하는 강대국이 된 미국을 상징했고, 이후 공세적인 활력과 행동주의는 대통령의 직무로 자리매김했다.

산 기술자를 살해하고 뉴멕시코주의 한 마을에 침입하자,* 그는 15만 명의 주방위군을 국경 근처에 배치했다. 바로 이때 유럽에서 훨씬 더 심각한 위기가 폭발했다.

1914년 6월 오스트리아의 대공 프란츠 페르디난트Franz Ferdinand가

---

* 이 일은 멕시코 혁명 지도자 판초 비야(Pancho Villa)의 군대가 저지른 것이었다. 미국 정부는 이들을 산적으로 규정했다.

얼마 전 오스트리아가 병합한 보스니아-헤르체고비나를 공식 방문했다. 대공 부부가 차를 타고 사라예보를 통과하고 있을 때, 병합에 분노한 한 젊은 세르비아계 보스니아인이 총격을 가했다. 오스트리아는 즉시 세르비아에 전쟁을 선포했고, 러시아가 세르비아 편에 섰다. 비밀조약으로 연결된 다른 유럽 국가들도 재빨리 반응해, 프랑스, 영국, 러시아가 한 편(연합국Allied Powers)으로, 독일, 오스트리아-헝가리가 다른 한 편(동맹국Central Powers)으로 연합했다. (이탈리아는 처음에는 중립을 지키다 1915년 연합국에 참여했다.) 충돌은 곧 벨기에부터 스위스까지 이어진 꾸불꾸불한 전선을 따라 끝도 없이 공방을 주고받는 교착 상태에 빠졌다. 1916년 내내 베르됭의 뫼즈 강가에서 치러진 참호전으로 30만 명 이상이 목숨을 잃었다.

윌슨은 미국의 중립을 선언했고, 따라서 평화 옹호론자에게 지지받았다. 하지만 중립은 어려운 것으로 판명되었다. 미국인, 특히 (윌슨 자신을 포함해) 정치와 금융 엘리트 가운데는 영국과 프랑스에 조상을 두고 문화적 유대감을 느끼는 사람이 많았다. 반대로 독일과 오스트리아에 유대감을 느끼는 미국인도 많았다. 아일랜드계 미국인은 영국의 대의에 거의 공감하지 못했다. 마침내 더 많은 미국인이 연합국의 대의에 공감하는 것으로 드러났다. 미국 은행이 영국과 프랑스에 대출을 확대하면서, 금융 기관과 기업은 군사적 재무장을 촉진하는 전쟁 대비 활동을 수행했다. 미국의 영향력이 미치는 범위가 세계적으로 확대되면서 이것이 유럽의 제국적 야심, 특히 동맹국의 야심과 충돌했다.

1812년 전쟁 때처럼 중립국의 권리가 발화점이 되었다. 연합국과 동맹국 모두 미국의 해운업을 위협했지만, 독일의 잠수함 공격이 결정적으로 미국을 전쟁으로 몰고 갔다. 1915년 5월 독일 잠수함의 어뢰가 영국 여객선 루시타니아Lusitania호를 아일랜드 연안에서 침몰시켰다. 거의 1,200명이 죽었는데, 그중 128명은 미국인이었다. 윌슨의 항의로 독일은 당분간 공격을 중지했다. 하지만 1917년 1월 독일은 무제한 잠수함전을 재개했다. 윌슨은 독일과 외교 관계를 단절하고 4월 2일 의회에 전쟁 선포를 요청했다. 상원과 하원 모두 압도적인 지지로 전쟁을 승인했다.

▌유럽에서 벌인 전쟁

최초의 조치로 의회는 징병을 허가했다. 미국원정군American Expeditionary Force이라고 불린 군대가 1917년 10월 프랑스에 도착했는데, 볼셰비키 혁명 세력이 러시아에서 권력을 장악, 군대를 철수시킴으로써, 독일이 서부 전선에 집중할 여유가 생긴 시점이었다.

역설적이게도 미국원정군 사령관 존 퍼싱John Pershing은 원래 '푀르싱Pfoersching'이라는 이름을 지닌 독일 이민자의 후손이었다. 교착 상태에 빠진 참호전에 간담이 서늘해진 퍼싱은 미국원정군과 프랑스 및 영국 군대를 통합하려는 시도를 거부했다. 연합국은 1918년 초 프랑스의 지휘하에 통합된 군대를 편성했지만, 미국원정군은 독자적으로 싸웠다. 미국원정군은 3월 프랑스 북서부의 아미앵 근처에서 전투를 치렀는데, 이때는 독일군이 봄 공세를 막 시작한 시점이었다. 5월 미국원정군은 아미앵 남쪽에서 독일군의 진격을 막아냈다. 동쪽에서는 독일군이 마른강을 따라 파리에서 고작 80킬로미터 떨어진 곳까지 치고 들어왔다. 미국원정군은 랭스와 샤토티에리 인근의 벨로숲에서 독일군을 멈춰 세우는 데 결정적인 역할을 했다.

연합국이 독일군을 동쪽으로 밀어내면서 전세가 역전되었다. 25만 명 이상의 미국원정군이 전선을 따라 배치되었다. 그들은 솜강과 마른강에서, 생미옐St. Mihiel 주변의 돌출부salient*에서, 무엇보다 아르곤 숲을 지나 북쪽으로 돌진해 전략적으로 중요한 스당Sedan의 철도 중심지를 점령한 되즈–아르곤 공격 작전에서 싸웠다. 1918년 11월 11일 독일은 항복했다.

굶주림과 질병에 희생된 이들을 포함해, 적게 잡아도 약 1,000만 명의 군인과 700만 명의 민간인이 목숨을 잃었다는 간추린 설명으로는 전쟁의 공포를 제대로 전달할 수 없다. 러시아는 180만 명, 프랑스는 140만 명, 영국은 88만 5,000명의 군인을 잃었다. 탱크, 독가스, 폭격을 포함한 새로운 살인 기술이 희생자를 늘렸다. 전선에서 시작된 유행성 독감으로 세계적으로 최소 5,000만 명이 목숨을 잃었다.

이러한 수치와 비교할 때, 4만 9,000명이 전투 중에, 6만 3,000명이 질병(대체로 유행성 독감)으로 사망한 미국의 손실은 적은 편이었다. 그렇지만 전쟁은 전쟁터 못지않게 국내 정치와 외교 무대에 많은 영향을 미쳤다.

---

* 요철처럼 튀어나온 탓에 적에게 공격받기 쉬웠다.

▎발전하는 경제와 경직된 사회

예전의 여러 충돌에서 그랬듯이, 미국의 제1차 세계대전 참전은 전쟁 터를 넘어서까지 큰 영향을 미쳤다. 예를 들면, (미국의 참전 기간) 기근 이 든 유럽에 막대한 식량을 공급한 탓에 농산물 가격이 급등했다. 이 로써 큰돈을 번 농민이 토지와 장비에 전폭적으로 투자했지만, 전쟁 이 끝난 후 가격이 곤두박질치며 빚더미에 앉았다.

워싱턴의 경제 규제는 혁신주의 시대에 이미 확대되었지만, 1917 년과 1918년 그 범위를 더욱 늘렸다. 어떤 연방 기관은 군사적 필요 를 최우선으로 고려해 철도 교통을 통제했다. 월스트리트 투자자 버 나드 바루크Bernard Baruch가 이끈 전시산업위원회War Industries Board는 효율성을 극대화하기 위해 산업 생산을 감독했다. 불황에 시달리는 1930년대가 되면, 프랭클린 D. 루스벨트Franklin D. Roosevelt는 경제 위 기를 극복하기 위해 대통령의 권한으로 정부 개입을 요청하면서 그 러한 선례를 인용하게 될 것이었다.

생산이 호황을 누리고, 이민이 차단되며, 수많은 노동자가 입대하 면서, 고용주는 오랫동안 계속된 차별 고용 관행을 바꾸었다. 수많은 아프리카계 미국인이 북부의 공장에서 일자리를 구하기 위해 남부에 서 올라왔다. 이는 북부 도시에서 인종 간 긴장을 고조시켰지만, 프랑 스로 파병된 아프리카계 미국인 병사는 인종에 대한 강박관념이 덜 한 사회를 경험했다. 이 모든 것이 미래에 심오한 결과를 초래하게 될 것이었다.

여성도 고용 기회를 잡아 공장 노동 등 남성이 지배해온 직종에 취

업했다. 귀향한 참전 용사가 일자리를 되찾은 후에도, 이때의 기억은 딸과 손녀에게 전해져 일터에서의 양성평등을 고무하는 데 일조했다.

혁신주의 시대의 몇 가지 개혁은 큰 성공을 거두었다. 또 하나의 새로운 정부 기관인 전시노동위원회War Labor Board는 노동조합 결성을 지원하고, 공장 환경과 노동 조건을 개선했다. 여성 운동 지도자들이 전시에 필요한 국민의 노력을 독려했으므로, 그들의 운동도 각종 지원을 받을 수 있었다. 뉴욕주는 1917년 11월 여성에게 투표권을 부여했고, 모든 여성에게 참정권을 부여한 수정헌법 제19조는 1920년 비준되었다. 전시의 도덕적 이상주의에 자극받아 매춘 금지와 금주 개혁에 가속도가 붙었다. (앤하이저-부시Anheuser-Busch 같은 독일식 명칭이 붙은 대규모 양조장이 있었다는 점이 금주 개혁의 대의에 힘을 실었다.) 금주법으로 불린 수정헌법 제18조는 1919년 비준되었다. 뉴올리언스는 도시의 홍등가를 폐쇄했는데, 이로써 재즈 음악가는 북부로 이동했다.*

전쟁은 국내의 정치적·문화적 분위기에도 영향을 미쳤다. 윌슨 행정부의 선전 기관인 공보위원회Committee on Public Information는 포스터, 행진, 잡지 광고로 극단적 애국주의를 부추겼다. 자원봉사자 단체인 4분 연설가들Four Minute Men이 영화관에서 전쟁을 지지하는 연설로 관객을 설득했다. 영화배우는 전쟁 자금을 모으기 위한 자유 공채Liberty Bond 운동을 홍보했다. 음악가는 조지 M. 코언George M. Cohan의 〈오버

---

* 뉴올리언스의 스토리빌(Storyville)은 19세기 말부터 1917년까지 홍등가로 유명한 곳이었고, 또한 재즈의 중심지였다. 매춘 금지로 유흥 산업이 쇠퇴하면서 재즈 음악가들은 시카고 같은 북부 도시로 이주했다.

데어〈Over There〉(1917) 같은 의기양양한 전쟁 지지 노래를 창작했다. 철학자 존 듀이John Dewey 같은 혁신주의 지식인은 전쟁을, 해외에서는 평화와 정의의 새로운 시대로 나아가고 국내에서는 정부의 행동주의적 역할로 사회 정의를 증진하는 필수적인 단계로 보증했다.

그러나 통합과 이상주의 정신이 왜곡되면서, 평화주의자, 사회주의자, 조상 대대로 독일에 충성심을 지닌 사람 같은 전쟁 반대자가 반역자로 비난받게 되었다. 일리노이주의 배심원단은 전쟁을 비판했다는 이유로 독일계 미국인 석탄 광부를 목매달아 죽인 폭도에게 무죄를 선고했다. 보스턴 심포니 오케스트라는 독일계 미국인 지휘자를 해고했다. 영화와 포스터는 독일군을 사디스트적 괴물이나 성폭행범으로 묘사했다. 1918년의 스파이 활동법Espionage Act과 1919년의 선동법Sedition Amendment은 사회주의적 간행물과 급진적 출판물을 금지하고 정부나 전쟁을 비판하는 연설을 불법으로 규정했다. 체포되어 투옥된 사람 가운데는 데브스가 있었는데, 그는 1921년까지 갇혀 있었지만, 1920년 치러진 대통령 선거에서 90만 표 이상을 획득했다. 반동적인 분위기가 확산하면서, 1918년 치러진 중간 선거에서 공화당이 상원과 하원을 모두 점령했다.

▌반동의 예감

미국인은 1918년 11월 연합국과 독일이 휴전에 합의하며 전쟁이 끝나자 매우 기뻐했지만, 그 결과는 대통령과 국민이 생각했던 것과는 아주 달랐다. 미국은 러시아의 새로운 공산주의 체제를 전복하는 것을 목적으로 삼기 시작했다. 윌슨은 1919년 베르사유에서 열린 강화 회의에 참석했지만(재직 중 외국으로 출장한 최초의 미국 대통령이 되었다), 회의 결과에 대체로 실망했다. 프랑스, 영국, 이탈리아는 보복성 조건을 강요하고, 가혹한 배상금을 요구하며, 독일과 오스트리아의 영토 일부를 이양받았는데, 이는 패배한 국가들의 분노를 샀다.

베르사유에서 이룬 윌슨의 한 가지 위대한 업적은 새로운 국제 평화 유지 기구인 국제연맹League of Nations을 결성하기로 한 연합국의 약속, 즉 '서약'을 조약에 넣었다는 것이다. 하지만 그는 이 조약의 상원 비준을 촉구하기 위해 빡빡한 일정으로 전국을 순회하던 중 1919년 10월 쓰러지고 말았다. 서둘러 워싱턴 디시로 돌아왔지만, 그는 심각한 뇌졸중을 앓은 끝에 짜증 많은 환자가 되었고, 정치 현실을 인식하지 못하는 상태가 되었다. 논쟁적인 국제연맹 조약을 둘러싸고 타협안을 만들어내려는 몇몇 상원의원의 노력이 있었지만, 윌슨의 병과 고립주의적 정치관이 결합해 조약의 운명을 결정지었다. 매사추세츠주의 헨리 C. 로지Henry C. Lodge가 주도한 1919년 11월 투표에서 조약에 격렬하게 반대하는 거부파와 어떠한 타협안도 거부하는 열렬한 지지파가 행동을 같이했고, 결국 상원은 그 조약을 거부했다.* 미국

---

* 공화당 의원이 국제연맹에 반대한 주요한 이유는, 국제연맹이 원하는 경우 의회의 승인 없이도 참전해야 했기 때문이다. 이 문제를 두고 공화당은 조약을 수정한다면 가입할 수 있다는 타협파와 비타협파―거부파―로 나뉘었다. 상원에서 로지는 유보조항을 두자는 타협안을 제시했고, 11월 19일 이 안이 투표에 부쳐졌다. 하지만 공화당의 비타협파와 윌슨을 따르는 민주당의 (무조건적) 지지파가 연합해 이 타협안을 거부했다.

은 국제연맹에 가입하지 않을 것이었다. 1924년 사망한 윌슨의 말년은 슬프고 원통했다. 미국사를 통틀어 아주 주목할 만한 정치 경력을 지닌 사람이 실패와 좌절로 끝을 맺었다. 그는 1945년 미국이 국제연맹을 계승한 국제연합United Nations에 합류하는 것을 살아생전 보지 못하고 말았다.

국내에서는 전쟁 기간에 이미 분명하게 드러났던 반동적 분위기가 강화되었다. 새로운 기회를 찾아 남부에서 북부로 올라온 아프리카계 미국인을 향한 백인의 적대감은 날이 갈수록 심해졌다. 불법 린치가 급증했는데, 여전히 군복을 입고 있던 몇몇 아프리카계 미국인 참전 용사도 희생자가 되었다. 급진주의에 반대하는 목소리가 커지면서, 하원은 밀워키의 사회주의자 빅터 버거Victor Berger에게 의석을 주지 않기로 했다.* 시애틀 시장은 총파업을 진압하기 위해 군대 투입을 요청했다. 1920년 1월 법무부 소속의 (장래 연방 수사국Federal Bureau of Investigation의 수장이 될) J. 에드거 후버J. Edgar Hoover가 이끈 반反급진주의 부서가 '빨갱이 단속'을 펼쳐 급진주의자로 의심되는 수천 명을 체포했다. 수백 명이 투옥되었고, 외국인은 최소한의 법 절차를 거쳐 추방되었다.

미국이 1917년 4월 그토록 고귀한 이상주의를 품고 참가했던 전쟁은 앞으로 10년 동안 계속될 반동과 고립주의를 불러왔을 뿐이다. 국

---

* 1910년 위스콘신주의 연방 하원의원으로 당선되어 임기를 마친 버거는 1918년 간첩죄로 기소되어 1919년 2월 20년형을 선고받았다. 재판과는 별도로 1918년 연방 하원의원으로 다시 당선되었으나, 동료 의원들은 그에게 의석을 주지 않기로 결의했다.

내에서 그리고 국외에서 전쟁은 그것을 지지한 사람이 기대한 것을 달성하지 못했다. 1920년대가 불안하게 시작될 때 몇 년 전의 혁신주의 운동은 희미한 기억처럼 느껴졌다.

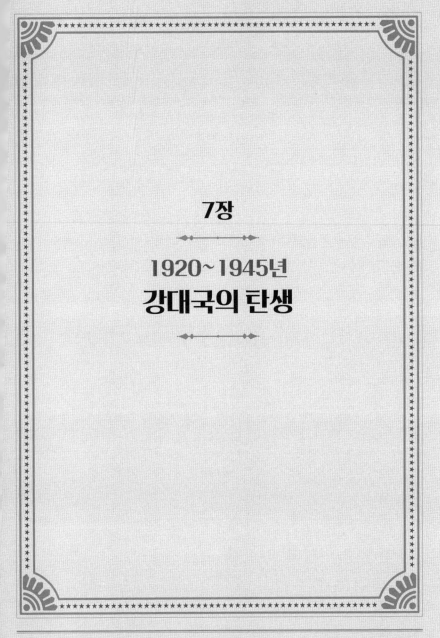

7장

1920~1945년

강대국의 탄생

1920년부터 1945년까지 25년간의 시기는 미국을 크게 바꾸었다. 1920년 미국은 산업 강국이었지만, 국제 문제에서는 여전히 변방이었다. 하지만 1945년에 이르면, 세계가 전쟁으로 파괴된 가운데, 1930년대 펼친 뉴딜 정책으로 국내 정치가 새로운 형태를 갖추게 된 미국이 단연 두각을 나타냈다. 당시 지식인, 사상가, 문화적 창작자는 앞선 세대의 도덕적 확신에 도전해 근대적이고 세계주의적인 사회를 구축했다.

▌정치적 반동, 사회적 긴장, 문화적 흥분

'광란의 1920년대'가 한동안 미국인의 기억에서 신화적 지위를 누렸다. 프레더릭 L. 앨런Frederick L. Allen의 《온리 예스터데이Only Yesterday》

(1931)* 같은 대중 역사서로 강화된 이 신화는, 미국인이 전통적 금기와 윌슨식 이상주의를 내던지고, 금주법을 피해 시카고의 알 카포네Al Capone 같은 갱에게 몰래 술을 공급받은 밀매점이나 재즈 클럽에 모이던, 활기차고 향락적인 10년**을 환기했다.

해당 시대의 이미지는 실제 모습 일부를 반영한다. F. 스콧 피츠제럴드F. Scott Fitzgerald의 《낙원의 이편This Side of Paradise》(1920)에 등장하는 부유한 대학생이 경험했듯이, 1920년대는 과거의 낡은 구속에서 벗어난다는 의기양양한 의식을 맛보게 해주었다. 대량 생산이라는 헨리 포드Henry Ford의 위업 덕분에 누구나 자동차를 사게 되면서, 수백만 명의 미국인이 새로운 이동성을 누렸다. 1914년 등록된 자동차는 200만 대 이하였지만, 1930년 2,700만 대에 육박했다. 라디오, 할리우드 영화, 음반, 전국적인 광고가 새로운 대중문화를 낳았다. 야구의 베이브 루스Babe Ruth와 복싱의 잭 뎀프시Jack Dempsey 같은 스포츠 영웅이 주목받았다. 무모하고 저돌적인 조종사 찰스 린드버그Charles Lindbergh가 1927년 뉴욕시부터 파리까지 무착륙으로 비행했을 때, 유명인사에 집착하는 국민은 열광적인 축하를 쏟아냈다.

자동차의 멋진 모습과 모터 소리 너머에는 더욱 복잡한 현실이 놓여 있었다. 정치적으로는 전후의 보수적 반동이 계속되었다. 1920년 열린 대통령 선거에서 공화당 후보로 출마한 오하이오주의 연방 상

* 우리말 번역본의 제목은 《원더풀 아메리카》다.
** 제1차 세계대전이 끝난 1918년 11월부터 미국 주식 시장이 붕괴한 1929년 10월까지를 말한다.

모드 영거(Maude Younger)가 워싱턴 디시에서 자신의 자동차를 손보고 있다. 그녀는 자신이 입법 간사로 있는 전국여성당(National Woman's Party) 회의에 참석하기 위해 직접 차를 몰고 샌프란시스코에서 왔다. 미국 여성은 투표권을 획득함과 동시에, 자동차의 출현으로 자유와 이동성이라는 해방감을 누렸다.

원의원 워런 G. 하딩Warren G. Harding이 압도적인 득표로 당선되었다. 아홉 개 강대국이 군비 축소에 합의한 1922년 워싱턴 회의를 제외하면, 그는 수많은 스캔들 외에 별다른 업적을 남기지 못했다. 1923년 심장병으로 쓰러진 그를 대신해 부통령인 캘빈 쿨리지Calvin Coolidge 가 대통령이 되었다. 버몬트주 출신의 말수가 적은 그는 겉으로는 쾌활한 하딩과 달라 보였다. 그의 이미지는 기민한 홍보 전략에 힘입어 '화강암처럼 고결한 양키'로 탈바꿈했다. 하지만 실제로는, 더욱 정직하기는 했지만, 보수적이고 기업 지향적인 점에서 직전 대통령과 거의 다르지 않았는데, 이는 그의 간결한 경구에서 압축적으로 드러난다. "미국의 업무는 비즈니스다."

1928년에 쿨리지가 대통령 후보 경선에 참여하는 것을 거절하면서, 상무장관 허버트 후버Herbert Hoover가 공화당 후보로 지명되어, 이민자 태생의 가톨릭교도인 뉴욕 주지사 앨 스미스Al Smith를 누르고 당선되었다. 전반적인 번영과 반가톨릭적 편견이 후버에게 이롭게 작용했지만, 이민자는 민주당 편이었고 이는 앞으로 일어날 변화를 암시했다. 어릴 때부터 퀘이커교도로 양육된 자수성가한 광산 기술자로서, 후버는 전시 식품국장과 상무장관을 역임하며 정부의 행동주의를 옹호했다. 따라서 그는 하딩이나 쿨리지보다는 시어도어 루스벨트의 정신에 더 가까웠다. 1927년 홍수로 미시시피강 유역이 황폐해지자, 그는 해당 지역으로 달려가 사적인 구호 작업을 조직했다. 또한 대통령으로서 공공 정책 연구를 지시하고, 경영자와 자발적 협력으로 효율성을 높이는 방안을 토론했다. 이처럼 시작은 좋았지만, 주식 시장 붕괴와 그 여파는 그의 명성을 산산조각 내버렸다.

1920년대 미국 사회는 기술 변화, 이데올로기적 혼란, 사회적 중압감―도시화와 이민, 아프리카계 미국인의 북부 이주로 발생했다―에 대처하려는 고군분투로 긴장감이 팽팽했다. 1920년 인구 조사는 인구 이동을 분명하게 보여주는데, 처음으로 미국인 대부분이 타운과 도시에 살고 있음이 드러났다.

재건 시대의 10년 동안 백인 우월주의 운동이 다시 활발해졌다. 특히 큐클럭스클랜이 부활했다. 기민한 마케팅 덕분에 1920년대 초 큐클럭스클랜은 남부를 넘어 중서부와 극서부 지방까지 세력을 넓혔다. 큐클럭스클랜 단원은 흰색 가운을 입은 채 행진하고, 한밤중에 십자가를 불태우며, 아프리카계 미국인과 가톨릭교도 그리고 품행이 단정치 못하다고 생각되는 사람을 위협했다. 이 전국적인 운동은 인디애나주 지부의 수장이 연루된 추악한 성추문으로 이내 붕괴했지만, 그 편협하고 위협적인 메시지는 사라지지 않았다.

수많은 노동계급 아프리카계 미국인이 카리스마 넘치는 자메이카인, 마르쿠스 가비Marcus Garvey를 지지하기 위해 결집했다. 그가 결성한 세계흑인향상협회Universal Negro Improvement Association의 회원은 제복을 갖추어 입고 행진하면서, "흑인 기업 진흥", "마더 아프리카Mother Africa로의 귀향" 등의 구호를 함께 외쳤다. 이 운동은 백인 사회뿐 아니라 인종 통합을 목표로 하는 전미유색인지위향상협회도 불안하게 했다. 1922년 가비가 우편 사기로 유죄 판결을 받고 1927년 국외로 추방당해 세계흑인향상협회는 힘을 잃었지만, 아프리카계 미국인이 대규모로 힘을 모은 초기 사례로 주목받았다.

두 명의 이탈리아 이민자이자 아나키스트, 니콜라 사코Nicola Sacco와 바르톨로메오 반제티Bartolomeo Vanzetti가 1920년 매사추세츠주 브레인트리에 있는 한 공장에서 강도질하다가 급여 담당자와 경비원을 살해한 혐의로 사형을 선고받았다. 그들을 옹호하는 사람은 반급진주의와 이민자 혐오가 작용한 판결이라고 주장했다. 광범위한 항의가 쏟아졌는데도, 명사들은 사형 판결을 지지했고, 그래서 두 사람은 1927년 전기의자에 앉았다. 젊은 작가 존 D. 패서스John D. Passos는 고뇌에 찬 산문시에서 "알겠어, 우리는 두 국민이야"*라고 결론 내렸다. 훗날 진행한 조사 결과도 판결에 힘을 보탰지만, 이 사건은 여전히 1920년대의 쓰라린 국가 분열을 상징한다.

진보적 종교 지도자들은 오래전에 다윈의 진화론을 받아들였지만, 비판적 성서 연구, 신학적 모더니즘 그리고 세속적·세계주의적 문화의 등장으로 이미 감정이 상한 개신교 근본주의자들은 다윈주의를 성서 무오류성을 위협하는 요소로 간주하며 거부했다. 테네시주가 공립학교에서 진화론을 가르치는 것을 법으로 금지하자, 테네시주 데이턴의 교사 존 스콥스John Scopes가 항의했다. 그는 미국시민자유연맹American Civil Liberties Union의 지원을 받았다. 법을 무시하고 진화론을 가르친 그는 1925년 결국 법정에 서게 되었다. 이 재판은 전국적인 관심을 끌었는데, 우상 파괴적인 저널리스트 헨리 L. 멩켄Henry L. Mencken, 피고 측 변호사 클래런스 대로Clarence Darrow 그리고 검찰을 위해 증언한 브라이언을 포함한 유명인사가 대거 참여했다. 분명한 결론을 내리지 못한 재판**은 근본주의를 거의 파괴하지 못했다. 다만 어떤 이가 주장하듯이, 이 소동은 1920년대 미국 사회의 깊은 문화적 균열을 명확히 드러냈다.

1920년대 젊은 작가와 극작가—그중 일부는 파리에서 살았

＊ 미국이 부자와 가난한 자, 또는 억압자와 피억압자로 분열되었다는 뜻이다.

＊＊ '원숭이 재판'으로 불리기도 한 이 재판은 스콥스에게 당시 법정 최소 형량인 100달러 벌금형을 선고했다. 재판 이후 진화론을 가르치지 못하게 하는 법은 헌법에 어긋난다는 점이 주목받았고, 진화론 교육의 필요가 더욱 활발히 논의되었다.

다—는 놀랍도록 신선하고 독창적인 작품을 발표해 문화적 창의력을 폭발시켰다.《무기여 잘 있거라*A Farewell to Arms*》(1929)에서 어니스트 헤밍웨이Ernest Hemingway는 종전의 이상주의적 수사를 버리고 대량 학살의 현실을 생생하게 기록했다. 싱클레어 루이스Sinclair Lewis는《메인 스트리트*Main Street*》(1920)와《배빗*Babbitt*》(1922)에서 미국 중간계급의 고루함과 반지성주의를 풍자했다. 피츠제럴드의《위대한 개츠비*The Great Gatsby*》(1925)는 특권 엘리트의 천박함과 오만함을 묘사했다. 재능 있는 아프리카계 미국인 예술가는 혁신적이고 예술성을 지닌 작품을 발표해 할렘 르네상스Harlem Renaissance* 시대를 열었다. 루이 암스트롱Louis Armstrong, 플레처 헨더슨Fletcher Henderson, 에드워드 '듀크' 엘링턴Edward 'Duke' Ellington** 같은 재즈 거물은, 아프리카에 뿌리를 둔 이 독특한 미국 음악을 좀더 대중적으로 다듬었다. 이러한 문화적 토양과 과학적 성취 위에 더해진 창조론을 둘러싼 소요와 구질서에 대한 모더니즘적 도전 덕분에, 1920년대는 미국사에서 그 어느 때보다 지적으로 생산적인 시대였다.

▌불황 그리고 뉴딜

1920년대는 번영의 불빛이 비쳤는데, 이는 자동차, 라디오, 가정용 전자제품에 대한 끊임없는 광고와 소비자의 수요로 뒷받침되었다. 주택

---

* 1920년대 뉴욕시 할렘을 중심으로 시작된 일종의 문예 부흥 운동이다.

** 품위 있는 태도 때문에 '공작(Duke)'이라는 애칭으로 불렸다.

건설은 호황을 맞았고 많은 사람이 휴가를 얻어 영화관과 체육관으로 몰려갔다. 그렇지만 번영은 절정을 지니고 있었다. 부채에 허덕이던 농민은 전시에 최고로 높았던 농산품 가격이 전후에 곤두박질치자 고통받았다. 노동계급 이민자는 수입과 지출의 균형을 맞추기 위해 몸부림쳤다. 인종 차별이 횡행하던 시기, 대부분의 아프리카계 미국인과 원주민은 겨우 입에 풀칠하며 살았다.

1920년대가 끝나갈 무렵, 경고 신호가 울렸다. 어느 순간 소비자의 소득이 늘지 않으면서 주택, 자동차 그리고 소비재가 과잉 생산되기 시작했다. 건설업은 비틀거렸고, 공장의 재고는 서서히 증가했다. 투기꾼과 주식 초보자—그중 많은 사람이 신용 거래로 주식을 매입했다—가 가격을 끌어올리면서 주가가 치솟았다. 주식 시장이 무너지고 화폐 등 종이 자산이 증발하면서, 1929년 10월 붕괴가 시작되었다. 불황은 당시 대통령 후버의 낙관적 발표*** 가 거짓임을 보여주었다. 실업자가 늘고 생산이 감소하며, 은행이 도산하고 두려움이 전국을 뒤덮으며 불황이 장기화되었다. 1931년 전 세계에 불어닥친 악성 디플레이션은 공황을 악화했다. 1933년에 이르면 미국 노동자의 25퍼센트가 직장을 잃었고, 수백만 명 이상이 불완전 고용 상태에 빠졌다. 적극적 실천주의를 지지했던 후버는 국가 차원이 아닌 개별적으로 조직된 단체나 기업 등을 부추겨 구호 활동이 활성화되도록 했다. 그러나 그는 1932년 의회가 새로운 정부 기구인 부흥금융공

*** 후버는 공황이 시작되자 "조금만 참으면 번영이 다시 찾아온다"라고 이야기했다.

사Reconstruction Finance Corporation를 설립하는 데 동의해야만 했다. 이 기구는 은행 등에 구제 금융을 제공해 자본이 계속해서 시장으로 흘러들도록 하고, 나아가 각 주와 지역의 구제 프로그램에 자금을 빌려주었다.

그러나 대공황은 악화 일로였다. 유권자는 1932년 대통령 선거에서 후버를 버리고 뉴욕 주지사인 민주당의 프랭클린 D. 루스벨트를 대통령으로 선출한다. 또한 의회에서도 민주당이 다수를 차지하도록 표를 몰아주었다. 새로운 대통령은 옛 귀족 가문 출신으로 시어도어 루스벨트의 먼 친척이었다. 1921년 소아마비를 앓아 걷지 못하게 되었지만, 이로써 정신은 강인해지고 인간의 고통에 대한 공감은 깊어졌다. 선거 기간 프랭클린 D. 루스벨트는 부지불식간에 한 시대의 명칭이 되어버린 뉴딜, 즉 '새로운 혁신'을 약속했지만, 상세한 내용은 거의 말하지 않았다. 그는 후버와 대조적으로 신뢰, 낙관주의, 새로운 실험의 수용 등을 표방했다. 또한 (워싱턴의 권력 핵심부에서 배제되었던 유대인과 가톨릭교도를 포함해) 자신의 혁신적 성향을 공유하는 젊은 행정관과 고문을 모집했다.

호감도가 급증하는 가운데 취임한 루스벨트는 제일 먼저 당면한 위기에 대처하기 시작했다. 은행이 신뢰를 회복하도록, 예치금을 안전하게 보장하고 규제를 강화하는 법 제정을 지지했다. 고용 위기를 해결하고자, 의회는 루스벨트의 발의로 긴급 구제 자금의 지출을 승인하고, 사회 기반시설 사업에 노동자를 고용하기 위한 공공사업국 Public Works Administration을 세우며, 실업 청년을 조림 사업, 산책로 유지

보수 사업, 그 밖에 공원이나 황야와 관련된 각종 사업에 투입하는 시민자원보존단Civilian Conservation Corps을 창설했다. 뉴딜 정책의 가장 혁신적인 초기 프로그램은 테네시강유역개발공사Tennessee Valley Authority 설립이었다. 이로써 테네시강 유역에 댐과 수력 발전소 등을 건설해, 빈곤 지역에 전기와 휴양시설을 제공하고 홍수와 침식을 조절했다.

두 가지 초기 뉴딜 프로그램이 장기적 경기 회복을 촉진했다. 농업조정국Agricultural Adjustment Administration은 기초 농산물을 경작하는 농민에게 보조금을 주는 대신 생산을 줄이게 함으로써 전체적인 농산물 가격을 높였다. 기업과 정부의 협력이라는 후버의 틀을 따른 전국산업부흥국National Recovery Administration은 산업 부흥을 자극하고, 경영자가 고용을 유지하고 가격과 임금을 내리지 않겠다는 규약에 자발적으로 서약하게 함으로써 디플레이션을 방지하고자 했다. 이에 협력한 기업은 "우리는 우리의 역할을 수행한다We Do Our Part"라는 표어를 내걸었다. 전국산업부흥국은 사회의 모든 영역을 자신의 부흥 프로그램으로 규합한다는 루스벨트의 초기 목표를 반영했다. 하지만 몇 가지 문제가 두 기구를 괴롭혔다. 농업조정국은 농업 소득을 전반적으로 올려놓았지만, 농업 노동자, 소작농, 계절 노동자는 전혀 혜택을 받지 못했다. 전국산업부흥국은 관료주의적 복잡성 때문에 휘청거렸다. 대법원이 1935년 두 기구를 위헌으로 규정했을 때 애석해하는 사람은 거의 없었다.

공화당과 선동적인 루이지애나 주지사 휴이 롱Huey Long을 포함한 좌파 세력의 반대에, 루스벨트는 1934년부터 1935년까지 진로를 변경했다. 국민적 통합이라는 주제는 제쳐놓고, 더욱 당파적이고 계급에 기반을 둔 법률, 규제 조치, 조세 정책을 지지했다. 그의 발의로, 의회는 기업과 부자가 더 많은 세금을 내도록 했고, 움직임이 느린 공공사업국보다 더 신속하게 일자리를 만들기 위해 공공사업진흥국Works Progress Administration을 세웠으며, 주식 시장을 더욱 면밀히 규제할 수 있게 증권거래위원회Securities and Exchange Commission를 창설했다.

뉴딜의 가장 오래 계속된 두 가지 조치도 1935년 시작되었다. 전국노동 관계법National Labor Relations Act은 노동조합의 단체 교섭권을 보장하고 다양한 반노동조합 전술을 불법화함으로써, 노동자에 대한 몇십 년간의 적대를 뒤집었다. 곧 각종 산업에서 노동조합 결성이 급증했다. 다음으로 사회보장법Social Security Act은 노령 연금, 실업 수당 그리고 부양아동 가족부조 프로그램을 만들었다. 농부와 자영업자는 제외했지만, 이 법은 훗날 확대될—그리고 논쟁이 벌어질—국민 복지 제도를 확립함으로써, 미국의 사회 계약을 새로운 형태로 바꾸었다.

뉴딜의 좌경화 현상을 분명하게 보여주면서, 1936년 대통령 선거 유세에 나선 루스벨트는 "대부호 악인들the malefactors of great wealth"을 비난하고 그들의 저항을 기꺼이 받아들였다. 압도적 표 차로 당선된 후, 그는 '법원 재구성court packing'을 제안했다. 보수주의자들이 지배하는 고등법원이 몇 가지 뉴딜 법안을 거부한 적 있기에, 그는 1935년 내놓은 개혁이 똑같은 운명을 맞을까 봐 두려웠다. 하지만 그의 제안은 거부되었고, 이로써 이 가장 인기 있는 대통령조차 어찌지 못하는 제약이 분명하게 드러났다. 하지만 그는 늙은 판사 몇 명이 퇴직하자

마자 그 자리를 뉴딜에 더욱 공감하는 판사에게 주었다. 1937년부터 1938년까지, 구제 금융의 삭감과 사회보장제도의 급여 공제로 촉발된 심각한 불경기 때문에 다시 한번 실업률이 높아졌고, 1938년 중간선거에서 공화당이 약진하는 계기가 되었다. 루스벨트는 새로운 부양책으로 대응했지만, 1940년 실업률은 여전히 14.6퍼센트를 기록했다. 하지만 그는 같은 해 전무후무한 3선에 성공했으니, 국외의 불길한 사건이 국내의 대립을 가려버렸기 때문이다.

루스벨트는 남부의 백인 민주당 의원들에게 의지하고 있었으므로, 아프리카계 미국인에 대한 폭력을 연방 범죄로 규정하라는 전미유색인지위향상협회의 청원 등 각종 인종 문제를 회피했다. 그러면서도 루스벨트 행정부는 아프리카계 미국인 콘트랄토contralto인 마리안 앤더슨Marian Anderson의 1939년 링컨 기념관 콘서트를 지원하는 등 몇몇 상징적 조치를 취했다. 이것들은 미국 혁명의 딸들Daughters of the American Revolution*이 워싱턴 디시의 컨스티튜션 홀에서 열릴 예정이던 앤더슨의 공연을 막은 직후 수행되었다. 적극적으로 정치 활동을 펼친 영부인 엘리너 루스벨트Eleanor Roosevelt는 사회 문제에 깊이 관여하고 있었는데, 그녀는 인종 차별을 개탄하며 이 문제 등을 놓고 끊임없이 남편을 자극했다.

불황과 투쟁한 뉴딜의 결과는 좋은 것과 나쁜 것이 뒤섞여 있었다. 몇몇 초기 프로그램은 효과적이지 못한 것으로 드러났다. 구제와 공

---

* 미국의 독립을 위해 노력했던 사람들의 직계 후손 여성들이 조직한 모임이다.

공사업 프로그램은 단기적으로 실업자에게 도움을 주었지만, 결국 완전 고용은 제2차 세계대전으로만 복원될 수 있었다. 게다가 루스벨트는 예산에 관해서 만큼은 보수주의자였으므로, 영국 경제학자 존 M. 케인스John M. Keynes가 옹호했던, 경기 부양을 위한 적자 재정 지출을 거부했다. 대신 국채를 뉴딜의 재원으로 삼았는데, 경기 부양 효과는 아주 미미했다.

그렇지만 뉴딜은 미국사에서 분수령으로 남았다. 'CCC(시민자원보존단)', 'WPA(공공사업진흥국)', 'TVA(테네시강유역개발공사)' 같은 헷갈리는 약어를 지닌 정부 기구들은 공공사업의 토대를 강화하고 국립공원을 새롭게 단장했다. 공공사업진흥국의 문화 프로그램은 미술가, 극작가, 음악가, 작가를 지원했다. 1934년부터 1935년까지 진행된 더욱 급진적인 조치는 노동조합 결성을 고무하고, 금융 규제를 강화하며, 부자에게 많은 세금을 거둠으로써 계급 격차를 완화하고, 사회 안전망의 기초를 닦았다. 보수주의자들의 비판과는 달리, 루스벨트는 개혁가이지 혁명가가 아니었다. 그는 자본주의를 파괴하는 것이 아니라, 그것의 폐해를 완화해 자본주의를 구하려고 했다. 이후 뉴딜은 칭찬받거나, 악마화되거나, 모방되면서 기본 참고 사항으로 자리 잡았다. 뉴딜이 미국의 정치와 문화를 새롭게 한 것과 마찬가지로, 제2차 세계대전은 미국의 세계적 역할을 엄청나게 강화했다.

▌제2차 세계대전

1930년 즈음, 다시 한번 전쟁의 소용돌이에 빠지리라 예견한 미국인은 거의 없었다. 사실 윌슨식 국제주의에 대한 반발이 외국과 복잡한 관계로 얽히는 것을 피하고자 하는 고립주의—미국사에 깊이 뿌리박은 것—를 키웠다. 1930년대 중반에 이르면 평화 운동이 대학교 캠퍼스를 휩쓸었고, 그래서 의회는 장래에 일어날 충돌에 미국이 연루되는 것을 막는 일련의 중립법을 통과시켰다.

하지만 악화하는 세계 정세가 미국의 그러한 희망을 비웃었다. 1922년 베니토 무솔리니Benito Mussolini가 이끄는 국가파시스트당이 이탈리아를 장악했다. 팽창주의적·군국주의적 노선을 택한 일본은 1937년 중국 난징에서 살육과 강간을 자행했다. 독일에서는 아돌프 히틀러Adolf Hitler의 국가사회주의당(나치)이 1933년 권력을 장악했다. 히틀러와 나치는 독일에서 유대인, 사회주의자, 공산주의자를 제거한다는 행동 강령을 추진했고, 징벌적인 베르사유조약에 복수할 것을 다짐했으며, 동쪽 국경 너머에서 레벤스라움Lebensräum(생활권)을 확보하려고 했다. 1936년부터 1939년까지 계속된 스페인 내전은 공화주의 정부를 지지하는 사람과 프란시스코 프랑코Francisco Franco 장군의 파시스트 군대 간의 충돌로, 앞으로 일어날 일을 암시하는 듯했다. 히틀러는 프랑코를 지원했고, 소련은 공화주의 정부에 소속된 공산주의자들을 지원했다. 미국, 영국, 프랑스 등에서 온 3만여 명의 자원병으로 구성된 에이브러햄링컨여단이 프랑코에게 분쇄되기 전까지 공화주의자들과 함께 싸웠다.

1939년 히틀러와 이오시프 스탈린Iosif Stalin은 독일과 소련이 폴란드를 분할 점령한다는 비밀 조항이 포함된 불가침조약을 체결했다. 자기들의 이익만 챙긴 이 조약은 이른바 인민전선Popular Front, 즉 파시즘에 반대하는 공산주의자와 비공산주의자의 동맹—모스크바가 후원하는 동맹—을 지지한 미국인의 환상을 깨뜨렸다. 1939년 9월 1일 독일이 폴란드를 침공하자, 영국과 프랑스는 전쟁을 선포했다. 1940년 봄 독일은 노르웨이, 덴마크, 네덜란드, 벨기에를 점령하고, 프랑스를 침략했다. 영국군이 됭케르크에서 영국 해협을 건너 철수한 6월 프랑스는 항복했다. 독일 전투기가 영국 도시를 폭격하자, 수상 윈스턴 처칠Winston Churchill은 미국의 지원을 간청했다.

루스벨트는 미국이 참전해야 한다고 확신했지만 신중하게 진행했다. 미국 우선America First 운동이 고립주의 정서를 자극하자, 1937년 그는 호전적 민족을 '격리'해야 한다고, 아주 모호하게 말했다. 1939년 9월 유럽 국가들이 전쟁에 돌입했을 때는 미국의 중립을 재차 확언하면서도, 자신은 (윌슨이 했던 것처럼) 미국인에게 중립을 지키라고 요구할 수는 없다고 덧붙였다. 1940년 의회는 군비 증강과 징병을 허가했다. 이는 비전시 상황에서 진행된 최초의 징병이었다. 의회는 1941년 3월 연합국에 식량과 장비, 기타 군수 물자 등을 제공하는 무기 대여법Lend-Lease Act*을 승인했다. 3월 11일 대통령의 서명으로 발효된 무기 대여법에 따라 미국 군함이 대서양 건너편으로 무기를 운송하는 선박을 호위했다.

＊미국이 제1차 세계대전 이후 계속된 고립주의를 포기하고 국제 정세에 개입하는 계기가 되었다.

1941년 6월 독일은 불가침조약을 깨고 소련을 침공했다. 11월 독일군은 모스크바 외곽까지 도달했다. 미국이 취했던 모든 모호함은 12월 7일 끝났다. 바로 이날 일본 전투기가 하와이주 진주만에 있는 미국 함대를 공격해, 열아홉 척의 군함과 150대의 비행기를 파괴하고, 2,335명의 미군을 살해했기 때문이다. 다음 날 의회는 추축국Axis Powers—일본, 독일, 이탈리아—에 전쟁을 선포했다. 지원병과 징집병이 훈련소로 쇄도했고, 공장은 군수품을 생산하기 시작했다. 루스벨트와 처칠은 몇 차례의 회합으로 전반적인 전략과 목표 등을 조율하고, 대동맹Grand Alliance** 을 구성했다.

1942년 11월 연합국 군대는 에르빈 로멜Erwin Rommel 장군을 북아프리카에서 꺾은 후, 1943년 초 시칠리아와 이탈리아를 수복해 북쪽으로 진군했다. 7월 이탈리아는 전쟁을 그만두었고,*** 다음 해 여름이 되자 이탈리아에 남아 있던 독일군도 철수했다. 1944년 6월 6일 미국의 드와이트 아이젠하워Dwight Eisenhower 장군의 지휘 아래 16만 명의 연합국 군대가 프랑스의 노르망디 해안으로 상륙했는데, 이는 역사에서 가장 많은 병력이 동원된 육해공군 합동 작전이었다. 독일군이 맹렬히 저항했지만, 연합국 군대는 프랑스를 가로질러 8월 파리를 해방하고, 1945년 초에는 독일 본토로 들어갔다. 미국과 영국의 전투기가 독일의 산업 지대와 베를린, 함부르크 같은 도시를 공습했다. 특히

** 소련까지 포함해 세 나라가 동맹을 맺었다.

*** 로멜이 지휘하는 독일군은 1942년 11월 이집트의 엘알라메인에서 영국군에게 궤멸했다. 로멜은 1943년 3월 독일로 소환되었다.

처칠과 루스벨트는 1943년 1월 모로코의 카사블랑카에서 회합했다. 그들은 "(적들의) 무조건 항복"을 연합국의 목표로 선언했다. 두 지도자는 몇 차례의 회합으로 밀접한 관계를 형성했다.

대규모 공습으로 엘베 강가의 도시 드레스덴이 완전히 파괴되었고, 민간인 2만 5,000명 이상이 죽었다. 독일도 1944년부터 V-1 로켓과 V-2 로켓을 런던, 앤트워프 같은 도시에 쏟아부었다. 민간인까지 표적으로 삼는 총력전total war의 시대가 도래한 것이다.

한편 동부 전선에서는 소련군이 스탈린그라드와 레닌그라드를 포위한 가공할 만한 독일군을 가까스로 격퇴했다. 동유럽 전역에서 고군분투하던 소련군도 1945년 4월 독일로 진군했다. 소련군은 동쪽에서, 다른 연합국 군대는 서쪽에서 독일을 향해 진군했다. 1944년 12월 독일군은 벌지 전투Battle of the Bulge로 대대적인 반격을 꾀했으나 실패했다. 1945년 4월 30일 소련군이 베를린에 들이닥치자, 히틀러와 그의 연인은 지하 벙커에서 자살했다. 5월 7일 독일은 항복했지만, 루스벨트는 살아서 그날을 보지 못했다. 그는 4월 12일 뇌출혈로 사망했고, 부통령인 해리 트루먼Harry Truman이 그의 뒤를 이었다.

한편 태평양 전선에서는 일본이 서구 열강의 여러 식민지를 공격해, 진주만 공습 이후 상당한 이익을 취했다. 1942년 초 일본은 미국이 지배하고 있던 필리핀을 빼앗았다. 그곳에서 벌어진 '죽음의 바탄 행진Bataan Death March'*을 포함한 일본군의 잔학 행위가 공개되어 적개심이 커졌다. 미군은 이 섬 저 섬 옮겨 다니는 징검다리식 군사 작전을 펼쳐 전세를 역전한 후 거침없이 일본을 향해 나아갔다. 1943년 2월 솔로몬제도의 과달카날을 확보한 것을 시작으로, 길버트제도, 마셜제도, 마리아나제도의 일본군 요새를 점령해나갔다. 1945년 2월에는 드디어 필리핀을 탈환했다. 1945년 3월 이오지마(이오섬)**를 함락한 후 몇몇 미군이 수리바치산에 미국 국기를 게양하는 사진은 이 전쟁을 상징하는 이미지가 되었다. 마지막 일본 요새 오키나와는 6월에 항복했다. 미국은 일련의 해전—1942년의 산호해 해전과 미드웨이 해전, 1944년의 레이테만 해전—에서도 승리를 거두었다. 여러 섬에 서둘러 건설한 비행장에서 미국 전투기가 출격해 일본 도시를 맹공격했다. 1945년 3월 B-29 폭격기 375대가 도쿄를 공습해 약 10만 명

---

* 1942년 4월 필리핀 바탄반도에서 포로가 된 7만여 명의 미국군과 필리핀군은 9일간 물도 없이 밀림을 헤치며 약 100킬로미터를 행군해야 했다. 그러면서 1만 명이 넘게 죽었다.

** 이오섬은 마리아나제도 북쪽의 오가사와라제도에 속해 있다.

의 민간인이 죽었다.

1945년 8월 6일과 9일 미국은 원자폭탄을 투하해 히로시마와 나가사키를 파괴했다. 최초의 폭발과 화염으로 수천 명이 사망하고 방사능 노출로 수천 명이 더 사망했다. 원자폭탄은 유럽 물리학자들의 연구를 참고해 만든 것인데, 그들 중 일부는 나치즘을 피해 미국으로 건너온 난민이었다. 이후 암호명 '맨해튼 프로젝트Manhattan Project'라는 은밀한 작전이 진행되었고, 1942년 루스벨트가 재정을 지원했다. 폭탄의 핵심 부품은 워싱턴주 핸퍼드, 테네시주 오크리지, 일리노이주 시카고대학교 그리고 뉴멕시코주 로스앨러모스에 있는 시설 등에서 조립되었다. 1945년 7월 뉴멕시코주에서 실험이 성공하자, (베를린 외곽의 포츠담에서 열린 전후회담에 참석하고 있던) 트루먼은 사용을 승인했다. 그리고 8월 6일 히로시마에 폭탄이 투하되었다. 이틀 후 소련은 얄타회담에서 스탈린이 한 약속을 이행하기 위해 일본에 전쟁을 선포했다. 8월 9일 나가사키에 두 번째 폭탄이 투하되었고, 5일 후 일본은 항복했다. 새로운 전쟁의 특징으로 자리 잡은 민간인 대량 학살은, 이제 핵물리학과 맨해튼 프로젝트에 힘입어 단 한 발의 폭탄만으로 가능하게 되었다.

원자폭탄 투하는 정당했는가. 많은 역사가가 원자폭탄을 사용하지 않았더라도, 특히 연합국이 히로히토 일왕을 (그들이 결국 그렇게 했듯이) 존속시키는 데 동의했다면, 1945년 말로 예정된 상륙 전에 일본이 분명히 항복했을 것으로 믿는다. 어떤 이는 소련이 전쟁을 선포하기 직전 히로시마에 원자폭탄을 투하한 것은, 미국과 소련의 전후 관계를 고려한 워싱턴의 정치적 전략으로 본다. 정답이 무엇이든, 미국인 대부분은 트루먼의 의기양양한 주장, 즉 원자폭탄이 전쟁을 승리로 이끌었고 수많은 미국인의 생명을 구했다는 주장을 지지했다. 1918년에 그랬듯이, 열광적인 군중은 또다시 승리를 찬양했다.

▌미국의 세기

제2차 세계대전으로 미군 40만 명 이상이 죽고, 67만여 명이 다쳤다. 나치의 '죽음의 수용소'에서 비명횡사한 수백만 명의 유대인을 포함해, 전 세계적으로 1,700만 명의 군인과 2,000만 명의 민간인이 죽은 것에 비하면, 미국의 희생은 적어 보인다. 미국인 대부분은 일본의 기습과 제국적 야심 그리고 독일의 집단 학살 등을 고려해, 제2차 세계대전에 참전한 것을 정당했다고 평가한다. 베트남 전쟁 같은 논란의 여지가 있는 군사 개입 이후, 미국인은 제2차 세계대전을 '선한 전쟁'으로 그리고 그 전쟁에서 싸웠던, 점점 수가 줄어들고 있는 참전 용사를 '가장 위대한 세대'로 기억하게 될 것이었다.

언제나 그렇듯 이번 전쟁도 사회적·경제적·문화적 부산물을 낳았다. 상당수의 미국인이 군수 공장에서 일자리를 얻음으로써, 오랫동안 계속된 도시화 추세가 더욱 빨라졌다. 1917년과 1918년에 그랬듯이, 수많은 아프리카계 미국인과 여성이 노동력을 제공했다. 전쟁은 대공황을 끝냈고, 전후에도 호경기가 이어짐으로써, 풍요로운 소비 시대—적어도 백인 중산층에게는—가 시작되었다. 군수 공장의 노동자를 위해 대량으로 지은 주택은 전후 교외 주택 개발의 표본이 되었다. 1944년 제정된 군인 재정착법Servicemen's Readjustment Act, 일명 '병사법G.I. Bill'은 참전 용사가 칼리지, 대학교, 기술학교 등에 등록할 수 있도록 수업료를 보조해주었다. 전쟁 중의 선전propaganda 작업은 미국인에게 다시 한번 추한 열정을 불러일으켰다. 아동 만화, 시사 만화, 할리우드 영화의 반일 선전은 사악한 인종적 고정관념으로 가득했다. 1942년 태평양 연안에 거주하던 약 12만 명의 일본계 미국인이 살던 곳에서 쫓겨나 외딴 수용소에 갇혔다. 이는 루스벨트 행정부가 옹호하고 대법원이 허가한 일이었다.

전시의 기술 혁신은 전후 세계에 깊은 영향을 미쳤다. 독일이 발전시킨 로켓 공학은 냉전 시대의 대륙 간 탄도미사일 개발에 기술적 기반을 제공했다. 독일의 로켓 프로그램을 주도한 베르너 폰 브라운Wernher von Braun이 미국의 대륙 간 탄도미사일 개발에 주요한 역할을 하게 될 것이었다. 전시 컴퓨터 연구는 전후 컴퓨터 혁명의 토대를 마련했다. 원자폭탄은 '지구 최후의 날'을 초래할 강력한 무기의 시대를 열었고, 지금도 세계를 걱정에 빠뜨리고 있다.

제2차 세계대전은 미국의 장래에 큰 영향을 미침과 동시에 세계 정세의 구조를 바꾸었다. 독일과 일본은 완전히 파괴되었고 유럽은 쇠약해졌으며 소련은 막대한 피해를 본 사이에, 본토를 공격당하지 않은 미국이 세계 초강대국의 자리에 올라섰다. 1941년《라이프Life》에 실은 사설에서 '미국의 세기the American Century'를 선언한 헨리 루스Henry Luce의 생각이 표면상 성취되었다. 1945년에 50개 국가의 대표가 샌프란시스코에 모여 국제연맹을 본뜬 국제연합을 출범시켰다. 1919

년의 윌슨처럼, 많은 사람이 국제연합이 협상과 집단행동으로 전쟁을 사라지게 하기를 열렬히 희망했다. 하지만 국제연합이 형태를 갖추었을 때조차 새로운 대립은 준비되고 있었다. 루스의 거만한 예측은 도전받을 것이었다. 한때 미국의 동맹국이었던 소련이 국제적 영향력을 다투는 경쟁자로 부상했다. 제2차 세계대전의 잔해에서 새로운 충돌, 즉 냉전이 시작되었다.

8장

1945~1968년
풍요의 이면

전후 초기 위협적인 핵무기 경쟁으로 냉전의 불안감이 한껏 고조되는 가운데 미국은 물질적 풍요와 대중문화의 산만함이 이상하게 혼합된 모습을 보여주었다. 국내에서도 반공산주의 편집증과 인종, 성별, 사회계급을 둘러싼 지긋지긋한 불평등이, 현혹될 정도로 단조로운 1950년대 미국의 겉모습을 흐려놓고 있었다. 1960년대에 이르자 행동주의 에너지가 부활해 개혁 입법, 시민저항 운동, 베트남 전쟁 반대 시위를 낳았다. 1968년에는 불안이 최고조에 달하면서 거센 정치적 반동이 일어났는데, 이것은 이후 미국의 삶과 문화에 중대한 보수적 변화가 발생할 것을 알리는 신호탄이었다.

냉전과 대립

제2차 세계대전 당시 미국, 영국, 소련의 대동맹은, 스탈린이 동맹국에 제2전선Second Front* 을 전개해달라고 강력히 요구하면서 긴장 상태에 빠진 적이 있었다. 전쟁이 끝나자 대동맹은 빠르게 흩어졌다. 영국의 패권이 쇠퇴함에 따라, 전 세계에 전략적·기업적 이해관계를 지닌 미국은 적대적인 소련과 직면하게 되었다. 혹시 모를 독일의 위협을 병적으로 두려워한 스탈린은 폴란드와 동독에 소련에 우호적인 체제를 형성했다. 서유럽에서는 이탈리아와 프랑스의 공산주의 정당이 심상치 않은 힘을 보여주었다. 1946년 2월 스탈린은 "서양 제국주의"를 공개적으로 맹렬히 비난했다. 그해 3월 트루먼의 고향인 미주리주에서 처칠이 소련 비판에 나섰다. 그는 소련이 유럽을 가로지르는 "철의 장막"을 쳤다면서, 이에 항거해야만 한다고 선언했다. 냉전이 시작되었다.

국제연합에서 소련은 전 세계의 원자력 사용을 통제하자는 미국의 계획을 거부하며, 그것이 미국의 원자력 패권을 영속화할 것이라고 (정당하게) 비난했다. 제2차 세계대전 동안 연합국이 합동으로 통제하던 이란에서, 소련은 1946년 5월에서야 미국의 압력으로 군대를 철수했다. (미국과 영국의 정유 기업은 곧바로 이란의 석유를 수입하기 위한 협정을 체결했다.) 그리스에서는 반동적인 군주제에 맞서 공산주의자들이 반

---

* 1941년 6월 독일이 소련을 침공하자 스탈린이 미국과 영국에 독일을 상대로 하는 전선, 즉 제2전선을 전개해달라고 요구했다. 하지만 제2전선은 1944년 노르망디 상륙 이후에나 전개되었다.

란을 일으켰다. 트루먼은 1947년 3월 의회에 나가 그리스를 원조해야 한다고 제안했는데, 초당파적 지지를 끌어내기 위해서는 "미국 국민을 두려움에 떨게 해"야 한다는 어느 공화당 연방 상원의원의 충고를 새겨듣고, 그리스 내전과 근처 터키의 정치적 불안을 자유와 독재의 종말론적 세계 투쟁의 일부로 묘사했다. 그해 6월 국무장관 조지 마셜George Marshall은 전쟁으로 황폐해진 유럽에 대한 대규모 원조 프로그램, 일명 '마셜 플랜'을 제안했다. 이 원조는 유럽을 재건함과 동시에 공산주의가 확산할 가능성을 줄였다. 게다가 각종 원조품을 생산하는 미국 기업에 수십억 달러가 흘러들게 했으며, 다국적 경제 협력을 고취함으로써 유럽연합European Union의 토대를 마련했다.

1947년 7월 《포린 어페어스Foreign Affairs》에 실린 〈소비에트 행동의 원천〉에서 대략적인 내용이 소개된 외교관 조지 케넌George Kennan의 봉쇄 정책은 냉전 이데올로기의 뼈대를 제시했다. (발표 당시 기고자는 'X'라는 가명을 사용했지만, 케넌이 썼다는 것을 모르는 사람은 없었다.)

케넌은 모스크바가 영향력을 확대할 수 있는 소련 주변부의 약한 지점을 찾고 있으므로, 서방은 경계를 늦추지 말고 소련을 기존 세력권 안에 봉쇄해야 한다고 주장했다. 다른 정부 당국자와 워싱턴의 정책 입안자가 본질적으로 수세적이고 조심스러운 그의 전략적 통찰을 크게 확대했다. 그들은 점점 더 필요 이상으로 불안을 조장하는 견해를 수용하면서, 핵무기를 포함한 대규모 군비 증강을 촉구했다.

1948년 2월 체코슬로바키아에서 클레멘트 고트발트Klement Gottwald가 친소련 쿠데타를 주도해 권력을 장악했다. 그해 6월 워싱턴이 서독 정부를 승인하려 하자, 소련은 동독 내부 깊숙한 곳에 자리 잡은 베를린과 연결된 육상 접근로를 차단했다. 미국은 그러한 차단에 물리적으로 대응해 전쟁 위험을 무릅쓰기보다는 막대한 양의 생필품을 공중에서 투하했다. 1949년 5월 소련은 봉쇄를 풀었다. 미국의 후원으로 수립된 서독, 즉 독일연방공화국The Federal Republic of Germany은 미국이 주도하는 군사 동맹인 북대서양조약기구North Atlantic Treaty Organization에 편입되었다. 그 반대편에서는 모스크바가 공산당이 통치하는 동독, 즉 독일민주공화국German Democratic Republic을 수립했다. 철의 장막은 아주 오랫동안 계속될 운명인 것처럼 보였다. 1949년에는 마오쩌둥毛澤東이 이끄는 중국공산당이 미국이 지원하는 장제스蔣介石를 꺾었고, 그 결과 탄생한 중소 동맹은 공산주의의 (겉으로 보기에는 거침없는) 진전에 대한 두려움을 키웠다.

소련이 1949년 9월 원자폭탄을 실험하자, 트루먼은 훨씬 더 강력한 수소폭탄 개발을 승인했다. 핵전쟁의 두려움이 커지는 가운데, 1950년 국가안보위원회National Security Council가 작성한 보고서 〈NSC-68〉은 유사 종교적 용어를 사용해 냉전의 파국적 미래를 예견했다. 이 보고서는 냉전을, "세계 지배"라는 "광신적 믿음"에 사로잡힌 소련과 미국이 사활을 걸고 투쟁하는 상태로 묘사했다. 세계 정세의 복잡함을 종말론적 대립으로 단순화함으로써, 〈NSC-68〉은 외교의 여지를 거의 고려하지 않았고, 긴장을 누그러뜨릴 방안을 전혀 제공하지 못했으며, 오직 "무기한의 긴장과 위험"만을 제시했다. 그러면서 대규모 군비 증강만이 "힘의 우위에 있으면서 …… 가장 심각한 위험에 처해 있는" 미국을 구할 수 있다고 결론 내렸다. 냉전을 이데올로기적으로 악화한 주요한 원인인 〈NSC-68〉은 냉전을 한쪽이 승리하면 다른 한쪽은 패망하는 제로섬 게임으로 설명했다. 그것은 일찍이 윌슨이 분명하게 제시했고, 그보다 더 오래전에 뉴잉글랜드 청교도가 이야기했던 미국의 세계적 임무에 대한 온전히 군사화된 전망이었다.

충돌은 많은 사람이 예상했던 것처럼 유럽이 아니라 한국에서 발생했다. 1945년 한국을 식민지 삼은 일본이 패망하자, 소련과 미국은 북위 38도 선을 경계로 각각의 세력권을 구분했다. 1950년 6월 25일 모스크바의 승인하에 북한군이 이 분계선을 넘어 남쪽으로 내달렸다. 국제연합의 안전보장이사회는 소련이 자리를 비운 틈*에 군사적 대응을 승인했다. 9월에는 국제연합군 총사령관 더글러스 맥아더Douglas MacArthur 장군이 인천 상륙 작전을 펼쳐, 북한군을 38도 선 이북으로 밀어냈다. 11월 국제연합군이 한국과 중국의 국경선에 접근하자, 엄청난 수의 중국군이 전쟁에 뛰어들었다. 중국의 공산주의 체제를 전복하려고 작정한 맥아더는 자신에게 공감하는 의회 의원들에게 보내는 서신에서 트루먼을 비판했다.** 1951년 4월 불복종을 이유로 트루먼에게 해임된 맥아더는 영웅 대접을 받으며 고국으로 돌아왔다.

---

* 당시 소련은 타이완이 차지하고 있던 안전보장이사회 상임이사국 자리를 중국에 넘겨줘야 한다고 주장했다. 그러면서 이 요구를 관철하기 위해 안전보장이사회를 보이콧 중이었다.

** 1951년 4월 38도 선 부근에서 전선이 교착되자, 맥아더는 만주 폭격을 요구했다. 하지만 전쟁이 확대되지 않기를 원한 트루먼이 승인하지 않았다.

곧 휴전회담이 시작되었지만, 전투는 1953년까지 계속되었다. 제2차 세계대전과 베트남 전쟁 사이에 끼어 때때로 '잊힌 전쟁'이라고 불리지만, 한국 전쟁으로 3만 6,000명 이상의 미군이 목숨을 잃었다. 그 외 국제연합군 3,000여 명이 죽었고, 중국군 사망자와 군인 및 민간인을 합친 한국인 사망자의 수는 훨씬 더 많았다. 70여 년이 지났지만, 한국은 서구 지향적인 번영한 남한과 빈곤하고 고립된 (그리고 핵무기로 무장한) 북한으로 여전히 분단되어 있다.

1952년 치러진 대통령 선거에서 제2차 세계대전의 영웅 아이젠하워가 공화당 후보로 지명되어 승리했다. 이후 냉전에 대한 워싱턴의 집착은 더욱 집요해졌다. 아이젠하워의 국무장관 존 F. 덜레스John F. Dulles는 아시아와 중동에서 반공산주의 군사 동맹을 조직했다. (1947년 설립된) 중앙정보국Central Intelligence Agency이 계획한 쿠데타로 1953년 이란에서, 1954년 과테말라에서 반미, 또는 좌파 성향의 체제가 전복되었다. 또한 미국의 선전 기관은 철의 장막 뒤에서 저항을 선동했다. 그러나 소련의 탱크가 1956년 헝가리에서 일어난 봉기를 진압했을 때, 미국은 아무것도 하지 않았다. 중동 정책조차 모순되기는 마찬가지였는데, 워싱턴은 소련의 간섭에 대응하고, 페르시아만의 유전을 보호하며, 팔레스타인과 아랍의 반대를 무릅쓰고 1948년 설립한 유대인 국가인 이스라엘에 대한 지원을 동시에 하려고 했다.

1953년 스탈린이 사망한 후, 그의 후임 니키타 흐루쇼프Nikita Khrushchyov는 소련의 정책을 온건한 방향으로 수정했는데, 심지어 스탈린을 비난하기도 했다. 그러나 미국과 소련의 핵무기와 미사일 경쟁은 격렬하게 계속되었다. 1957년 10월 소련이 인공위성 스푸트니크Sputnik를 발사하자, 공황 상태에 빠진 미국은 수학과 과학 교육을 강화했다.

1958년 미국을 포함한 여러 나라에서 핵무기 반대를 주장하는 풀뿌리 시민 운동이 벌어지자 워싱턴과 모스크바는 일시적으로 대기권 핵실험을 중단했다. 냉전의 짧은 해빙기는 부통령이던 리처드 닉슨Richard Nixon이 소련을, 흐루쇼프가 미국을 방문한 1959년까지 계속되었다. 하지만 아이젠하워와 흐루쇼프 사이에 예정되었던 1960년 파리 정상회담은, 쿠바 사태로 먹구름이 낀 상태에서 소련이 자국 영토로 넘어온 미국 정찰기를 격추했을 때 완전히 좌절되었다.

1960년 대통령 선거에서 닉슨은 매사추세츠주 출신의 카리스마 넘치는 젊은 민주당 연방 상원의원 존 F. 케네디John F. Kennedy에게 근소한 차이로 패배했다. 이로써 케네디는 대통령이 된 최초의 가톨릭교도가 되었는데, 미국에 오랫동안 반가톨릭적 편견이 횡행했다는 점에서 획기적 사건이었다. 백악관에 입성한 케네디는 평화 봉사단Peace Corps을 조직했는데, 이 단체는 개발도상국에서 2년 동안 자원봉사를 할 젊은 미국인을 모집했다. 하지만 이것을 제외하고 케네디 행정부는 출발부터 난항을 겪었다. 1961년 열린 빈 정상회담에서 그를 약하고 경험이 부족하다고 판단한 흐루쇼프가 다시 베를린을 봉쇄하겠다고 위협했다. 이에 그는 엄숙한 텔레비전 연설에서 핵전쟁을 경고하고, 민간인을 보호하기 위한 대책 마련에 힘쓰겠다고 말했다.

그사이 냉전의 새로운 전선이 쿠바에서 펼쳐졌다. 피델 카스트로

Fidel Castro가 이끄는 반란 세력이 1959년 친미 성향의 독재자 풀헨시오 바티스타Fulgencio Batista를 타도하고 곧 소련과 동맹을 체결했다. 아이젠하워가 재가하고 케네디가 승인한 작전, 즉 중앙정보국이 훈련한 쿠바 망명자를 본국에 침입시켜 카스트로를 끌어낸다는 작전이 1961년 시행되나 처참하게 실패했다.* 대담해진 소련은 미국 동부를 표적으로 한 미사일을 쿠바에 배치했다. 미국 정보 기관이 1962년 10월 이를 발견했을 때, 케네디는 미사일의 제거를 요구하며 쿠바로 가는 소련 선박을 검문했다. 핵전쟁이 곧 벌어질 듯한 불길하고 긴박한 날들이 지난 후 흐루쇼프가 한발 물러섰다. 쿠바를 침략하지 않겠다는 미국의 서약(그리고 대통령의 동생인 법무장관 로버트 F. 케네디Robert F. Kennedy가 체결한, 터키에서 미국의 미사일을 제거한다는 비밀 협정)을 대가로, 흐루쇼프는 쿠바에서 미사일을 철수했다. 누그러진 양쪽은 대화를 시작했다. 미국에서 반핵 운동이 거세지던 1963년 미국과 소련은 부분적 핵실험 금지조약Limited Nuclear Test Ban Treaty을 체결해 대기권과 외기권에서 핵실험을 영구히 중단하기로 합의하고, 추가적인 무기 제한 협정을 추진하기로 약속했다.

▌매카시부터 킹까지, 들끓는 사회

국내 문제에서는, 자상한 이미지의 아이젠하워가 백악관에 상주하던

---

* 피그만 침공 사건으로, 1961년 4월 17일 2506여단으로 명명된 무장한 1,500여 명의 쿠바 망명자가 쿠바 남부의 피그만에 상륙해 쿠바군과 교전했으나, 100여 명이 죽고 나머지는 포로가 되었다.

1950년대에는 모든 것이 좋아 보였다. 수많은 소비재가 전국의 공장에서 쏟아져 나왔다. 1950년 도입된 신용카드가 경기 호황을 촉진했다. 어떤 경제학자는 미국 자본주의가 "역사에 기록된 다른 모든 체제보다 훨씬 앞선다"라고 선언했다. 15년간 대공황과 전쟁을 겪은 후, 미국인은 유복한 삶을 누렸다. 이제 미국은 많은 이에게 꿈을 이룰 수 있는 나라로 보였다. 중간계급과 많은 노동계급 백인이 급성장하고 있는 교외 지역으로 몰려들었다. 전후 베이비붐이 날아오르는 경기를 부양했다. 여가를 즐기는 사람이 빠르게 늘어났다. 캘리포니아주의 디즈니랜드가 1955년 문을 열었다. (1956년 자리 잡은) 주간 고속도로 체계와 모텔 및 패스트푸드 프랜차이즈가 여행을 쉬워지게 했다.《라이프》는 장밋빛 미래를 예견하면서 1954년 이렇게 선언했다. "10년, 25년 앞을 내다볼 때, 우리를 막을 것은 아무것도 없다."

라디오와 잡지의 인기도 여전했지만, 최신 매체인 텔레비전의 인기가 전국을 휩쓸었다. 1960년에 이르면 5,000만 가구가 텔레비전 수상기를 소유했다. 〈왈가닥 루시I Love Lucy〉 같은 코미디 드라마와 〈건스모크Gunsmoke〉 같은 서부극 드라마가 수백만 명의 시청자를 매료했다. 기업은 텔레비전에서 자동차와 냉장고, 샴푸와 면도용 크림을 광고했다. 〈아빠가 제일 잘 알아Father Knows Best〉와 〈비버는 해결사Leave It to Beaver〉 같은 시트콤 드라마는 다정한 아빠, 행복한 가정주부 엄마, 발랄한 아이 등의 이미지로, 교외 생활의 장밋빛 환상을 제공했다.

새롭게 교외 생활을 시작한 사람들이 우정과 사회적 유대를 추구하며 교회의 신도 수가 급증했다. 빌리 그레이엄Billy Graham 목사의 전도 집회에 수천 명이 몰려들었고, 긍정적 사고를 강조하는 노먼 V. 필 Norman V. Peale 목사의 책에서 위안을 찾는 사람이 많아졌다. 무신론을 공식화한 소련과 미국의 차이를 강조하는 동시에 널리 퍼져 있는 경건함을 반영해, 의회는 충성 서약에 '하나님 아래under God'라는 문구를 추가하고, 화폐에 '우리는 하나님을 믿는다In God We Trust'라는 표어를 집어넣었다.

그러나 이러한 현상 아래에는 여러 문제가 숨어 있었다. 풍요의 한가운데서 수백만 명이 가난하게 살고 있었다. 흑백의 뚜렷한 소득 격차는 인종 차별의 추한 현실을 반영했다. 점점 늘어나는 라틴아메리카계 이민자는 주로 농장 노동자와 가사 노동자로 일하며 주변부에서 몸부림치고 있었다. 텔레비전이 행복한 가정주부의 이미지를 계속해서 보여주었지만, 여성의 40퍼센트는 경제적 필요 때문에 직장을 다녔다.

〈위험한 질주The Wild One〉(1953), 〈폭력 교실Blackboard Jungle〉(1955), 〈이유 없는 반항Rebel without a Cause〉(1955) 같은 영화는 약탈을 일삼는 오토바이 폭주족, 대도시 빈민가의 폭력적인 학생, 반항적인 중간계급 청년의 모습을 보여주었다. 소설 중에는 앨런 긴즈버그Allen Ginsberg의 《울부짖음Howl》(1955), 잭 케루악Jack Kerouac의 《길 위에서On the Road》(1957) 등의 작품이 순응주의적이고 불안감에 시달리는 소외된 사람의 시각을 반영했다. 대중음악의 대세는 빙 크로스비Bing Crosby와 페리 코모Perry Como 같은 가수의 감성적인 노래에서 로큰롤, 특히 엘비스 프레슬리Elvis Presley의 정제되지 않고 대단히 관능적인 노래로 대체되었다. 프레슬리는 1950년대 중반 혜성처럼 등장해, 백인의 복음성가와 아프리카계 미국인의 블루스라는 두 전통을 결합했다. 이 모든 문화적 추세는 1950년대 미국의 긴장감과 압박감을 보여주었는데, 이는 곧 정치와 거리에서 분출될 것이었다.

정치에서는, 뉴딜 정책의 옹호론자였던 트루먼이 1948년 대통령 선거에서 공화당의 토머스 듀이Thomas Dewey를 꺾었지만,* 한 해 전 통과된 반노동조합적 성격의 태프트–하틀리법Taft-Hartley Act**은 보수주의의 부활을 알렸다. 국민 건강 관리법을 포함한 트루먼의 개혁안은 거의 진전되지 못했다. 그다음 대통령 선거에서 공화당 후보 아이젠하워가 승리한 것은 보수적 민주당원이 협력했기 때문에 가능했다. 이후 8년간 '온건한 공화당'의 지배가 계속되었다. 당시 공화당은 뉴딜의 과잉을 억제했지만, 실제로는 뉴딜의 기본 개혁을 수용했다.

냉전의 불안은 제1차 세계대전 이후 미국을 휩쓴 '적색 공포Red Scare'***를 다시 불러일으켰다. 일찍이 1947년 트루먼은 대통령으로서 공무원의 충성 서약을 요구하는 프로그램을 도입했다. 실제로 스

---

* 트루먼 진영은 뉴딜을 옹호하는 사람들의 연합이었다. 당시 선거에서 트루먼은 듀이와 달리 거침없이 발언하는 유세로 눈길을 끌었다. 하지만 약체로 평가되어 많은 사람이 듀이의 승리를 점쳤다.

** 뉴딜 시대 제정된, 노동조합에 유리한 와그너법(Wagner Act)을 대신한, 반노동조합적 성격을 띤 법률로 트루먼이 거부권을 행사했으나 의회가 다시 승인했다.

*** 노동 운동과 정치적 급진주의 등의 배후에 공산주의자가 있을 거라는 두려움을 일컫는 말이다. 1917년부터 1920년까지 그리고 1947년부터 이후 10여 년간 미국 사회 전반에 만연했다.

파이가 검거되면서 서로를 공산주의자로 의심하는 풍조가 생겨났다. 1948년 한때 공산주의자였던 휘터커 체임버스Whittaker Chambers가 외교관 앨저 히스Alger Hiss를 소련의 스파이라며 고발했다. 히스는 의회의 반미활동조사위원회House Committee on Un-American Activities 조사에서 위증죄로 유죄 판결을 받아 수감되었다. 1950년 영국은 맨해튼 프로젝트에 참여했던 과학자 클라우스 푹스Klaus Fuchs를 소련의 스파이라며 체포했다. 이 사건에는 미국인 부부 줄리어스 로젠버그Julius Rosenberg와 에셀 로젠버그Ethel Rosenberg가 연루되어 있었다. 재판을 받고 유죄가 확정된 로젠버그 부부는 1953년 전기의자에 앉았다. 1954년 원자력위원회Atomic Energy Commission는 1930년대 좌파 활동을 했다는 이유로 J. 로버트 오펜하이머J. Robert Oppenheimer의 기밀정보 취급 허가를 철회했다. 〈나는 공산주의자와 결혼했다I Married a Communist〉(1950), 평범한 시민으로 변장한 외계인이 사람을 잡아먹는다는 내용의 〈신체 강탈자의 침입Invasion of the Body Snatchers〉(1956) 같은 할리우드 영화가 적색 공포에 기름을 끼얹었다. 의회 청문회가 문화계에 공산주의가 스며들었다는, 아무 근거도 없는 발표를 하면서, 많은 예술가의 이름이 블랙리스트에 올랐다.

1950년 위스콘신주의 공화당 연방 상원의원 조지프 매카시Joseph McCarthy가 국무부에 침투한 수백 명의 공산주의자를 알고 있다고 주장했다. 처음에는 저명한 공화당원들이 그를 부추겼지만, 명단이 점점 늘어남에 따라(심지어 대통령까지 의심했다) 여론이 바뀌었다. 그러면서 1954년 그는 급격히 몰락했다. 우선 아서 밀러Arthur Miller의 희곡

《시련The Crucible》(1953)이 세일럼 마녀재판을 소재 삼아 적색 공포를 비판했다. 다음으로 미군 내부의 불온 분자로 지목된 이들이 출두한 의회 청문회가 텔레비전으로 방송되며, 약자를 괴롭히는 매카시의 전략이 대중에게 노출되었다. 마지막으로 매카시를 민주주의의 위협으로 설득력 있게 제시한 저널리스트 에드워드 R. 머로Edward R. Murrow의 다큐멘터리가 역시 텔레비전으로 방송되었다. 결국 12월 실시된 상원 불신임 투표에서 매카시는 몰락을 확정 짓지만, '매카시즘'은 1950년대 적색 공포의 대명사로 살아남았다.

미국과 소련의 수소폭탄 실험이 죽음의 방사능 낙진을 퍼뜨리면서, 1950년대 말까지 핵전쟁이 발발할지 모른다는 공포가 극심했다. 어린 학생을 두려움에 떨게 한 민방위 영화는 "몸을 수그리고 손으로 얼굴을 감싸"라고 가르쳤다. 행동주의가 고조되는 가운데, 핵실험 금지 시위가 조직되었고, 작가, 미술가, 영화 제작자는 핵전쟁의 파국을 소재로 삼았다. 뉴멕시코주의 원자폭탄 실험지에서 거대 개미가 기어 나와 사람들을 해치는 영화 〈그것들!Them!〉(1954)은 돌연변이 괴물 영화의 시초가 되었다. 스탠리 큐브릭Stanley Kubrick의 〈닥터 스트레인지러브Dr. Strangelove〉(1963)는 핵전쟁과 지구 종말을 우스꽝스럽게 표현했다.

1950년대는 남부의 견고한 인종 분리 체계에 중요한 공격이 가해진 시기이기도 했다. 전미유색인지위향상협회가 지지한 사법적 도전이 여러 해 계속되자, 인종 분리를 옹호한 대법원의 악명 높은 1896년 판결(평등하지만, 분리된 시설을 제공하라는)의 영향력은 조금씩 약해졌다. 1948년 트루먼은 대통령령으로 군대 내 인종 분리를 끝냈다. 1954년 대법원은 브라운 대 교육위원회 사건Brown v. Board of Education에 대해 공립학교에서의 인종 분리는 헌법에 어긋난다고 만장일치로 판결했다.

이 판결은 오랫동안 억눌렸던 에너지를 폭발시켰는데, 이것이 앞으로 미국을 바꿀 것이었다. 1955년 전미유색인지위향상협회의 앨라배마주 몽고메리 지부 임원인 로자 파크스Rosa Parks가 뒷좌석으로 자리를 옮기라는 버스 기사의 명령을 거부했다. 그녀의 저항에 동조한 몽고메리의 아프리카계 미국인들이 버스를 타지 않기로 했다. 결국 1956년 11월 대법원은 앨라배마주의 모든 인종 분리법은 헌법에 어긋난다고 판결했다. 당시 활동가들은 사건을 공론화하기 위해 젊은 침례교 목사 마틴 루서 킹 주니어Martin Luther King Jr.를 영입했다. 그는 곧 흑인 인권 운동의 전국적 지도자로 부상하고, 진정한 미국의 영웅으로 칭송받았다. 1986년부터 그의 생일에 가까운 1월 셋째 주 월요일이 공휴일로 지정되었다.

남부의 인종주의자들은 이러한 사회적 분위기에 계속해서 저항했다. 1957년 아칸소주 리틀록의, 백인만 다니는 센트럴고등학교에 아프리카계 미국인 학생이 등교하려 하자 주지사가 주방위군을 투입해 그들을 막았다. 이에 아이젠하워가 (브라운 대 교육위원회 사건 판결에 비판적이었는데도) 대통령의 권한으로 연방군을 파견해 주지사의 전횡을 막았다. 이처럼 자극적인 사건이 일어나고 있는 가운데, 의회는 1957년 민권법을 통과시켰다. 이 법은 재건 시대 이래 인종 차별에 도전한 최초의 연방법이었다. 상원의 다수당인 민주당 대표였던 린든 존슨 Lyndon Johnson의 노력으로 무리 없이 의회를 통과한 이 법은 거의 곧바로 대통령의 재가를 받았다. 이로써 남부의 아프리카계 미국인이 투표권을 행사하지 못하도록 막은 다양한 책략을 제거할 수 있었다. 아직 완수하지 못한 일이 많이 남아 있었지만, 이 획기적인 사건은 앞으로 거머쥘 더 많은 승리를 예고했다.

▌'위대한 사회'와 민권 운동

비극적으로 끝난 존 F. 케네디의 짧은 임기 동안 몇 가지 전도유망한 계획이 제시되었지만, 성취된 것은 거의 없었다. 1963년 11월 22일 정치적 목적으로 댈러스를 방문해 오픈카를 타고 행렬 중이던 케네디는 리 H. 오스월드 Lee H. Oswald가 쏜 총에 맞았다. 추도식을 거행하기 위해 그의 시신이 백악관에서 국회의사당으로 (일찍이 암살당한 링컨처럼 말이 끄는 탄약차에 실려) 운구되고 알링턴 국립묘지에 매장될 때, 충격에 빠진 국민은 깊은 애도를 표했다.

부통령이던 존슨이 곧바로 대통령이 되었다. 그는 미완의 의제를 완수하리라고 약속했다. 실제로 능수능란한 정치인인 그는 여러 개혁을 완수했는데, 여기에는 마이클 해링턴 Michael Harrington의 《또 다른 미국 The Other America》 (1962)으로 관심이 집중된 빈곤 문제가 포함되어 있었다. 1964년 제정된 경제 기회법 Economic Opportunity Act은 직업 훈련, 유아 교육, 평화 봉사단을 본떠 만든 국내 자원봉사 프로그램 그리고 지역 공동체가 주도하는 반빈곤 프로그램을 포괄했다. 곧 빈곤율이 하락했다. 특히 아프리카계 미국인 공동체에서 그러했다. 하지만 보수주의자들은 정부가 과도하게 영역을 확장한 무질서한 사례라고 비판했다.

1964년 5월 어느 졸업식 연설에서, 존슨은 국가의 혁신 비전을 제시하며 미국인에게 "위대한 사회Great Society"의 건설에 동참해달라고 요청했다. 의회는 공공사업, 시골 보건소 설립, 도시 대중교통 개선, 공교육 기금 확대 등에 관한 그의 개혁안을 통과시켰다. 1965년 통과된 이민법은 차별적 할당 제도에 종지부를 찍었다. 획기적인 의료 보험 개혁, 즉 메디케어Medicare와 메디케이드Medicaid*는 노인층과 빈곤층에게 의료 혜택을 제공했다.

무분별한 살충제 사용을 경고한 레이철 카슨Rachel Carson의《침묵의 봄Silent Spring》(1962)으로 환경 보호를 주장하는 목소리가 커지자, 존슨의 재촉으로 의회는 황무지 보존, 공기와 수질 오염 개선, 고속도로 미화 같은 내용의 법률을 무려 300여 개나 제정했다. 1970년 수백만 명의 미국인이 환경 보호에 대한 헌신을 표현하기 위해 첫 번째 지구의 날Earth Day을 지켰다.

그동안 민권 운동은 더욱 전투적인 성격을 띠게 되었다. 1960년 노스캐롤라이나주의 그린즈버러에서 네 명의 아프리카계 미국인 대학생이 자신들에게 음식을 팔지 않은 식당 앞에 앉아 시위를 벌였다. 1961년에는 뜻을 같이하는 아프리카계 미국인과 백인이 모여 프리

---

* 메디케어는 노인 의료보험을, 메디케이드는 저소득층 의료 보장제도를 말한다.

덤 라이더스Freedom Riders*를 조직했으나, 심각한 폭력에 직면했다. (당시 잔혹하게 두들겨 맞았던 아프리카계 미국인 활동가 존 루이스John Lewis가 1986년 조지아주의 민주당 연방 하원의원으로 당선되었다.) 신문, 잡지 그리고 텔레비전 뉴스가 그들이 당한 폭력을 상세히 보도했다. 민심이 요동치자 케네디는 고용 차별을 없애기 위한 고용기회평등위원회Equal Employment Opportunity Commission를 설치하고, 또한 프리덤 라이더스를 보호하기 위해 앨라배마주 몽고메리에 그리고 한 아프리카계 미국인 학생의 입학 시도가 심각한 소요 사태로 번진 미시시피대학교에 연방 보안관을 파견하도록 명령했다.

맬컴 엑스Malcolm X―태어날 때의 이름은 맬컴 리틀Malcolm Little―는 새로운 호전성을 구현한 인물이었다. 그는 교도소에서 아프리카계 미국인의 이슬람 종교 단체인 이슬람국가Nation of Islam에 가입했다. 전투적인 분리주의에서 인류애라는 더욱 포괄적인 이념으로 방향을 전환한** 그는 1965년 이슬람국가 내부의 적에게 암살당했다. 한편 점차 고조되는 행동주의에 부응해, 킹의 남부기독교지도회의Southern Christian Leadership Conference는 1963년 앨라배마주 버밍햄에서 민권 항의 시위를 주도했다. 전 국민이 지켜보는 와중에 몽고메리 경찰은 경찰

---

* '자유를 위한 승차 운동'으로도 불린다. 남부의 대중교통에서 인종 분리가 사라지지 않는 것에 항의하는 활동가들이 버스를 타고 1961년 5월 4일 위싱턴 디시에서 출발해 버지니아주, 미시시피주 등을 순례했다. 5월 7일 루이지애나주 뉴올리언스에 도착한 그들은 큐클럭스클랜 단원들에게 폭행당했고, 경찰은 애꿎은 활동가들을 구속했다.

** 이슬람국가는 흑백 분리를 주장했지만, 엑스는 흑백 통합에 찬성했다.

견과 소방호스 등을 동원해 어린 아프리카계 미국인 학생들의 행진을 막고, 킹과 다른 지도자들을 체포했다.

그해 8월 워싱턴 디시의 링컨 기념관에서, 여러 인종이 뒤섞인 거대한 인파가 모여 인종 차별 반대를 외쳤다. 킹의 감동적 연설은 아프리카계 미국인의 영가 중 일부 구절인 "마침내 자유. 마침내 자유. 전능하신 하나님께 감사드립니다. 우리는 마침내 자유로워졌습니다"를 인용하며 끝마쳤다. 그렇지만 곧 더 심한 폭력이 가해졌다. 인종주의자들의 테러에 전미유색인지위향상협회 미시시피주 지부의 한 임원이 살해당하고, 버밍햄의 아프리카계 미국인 교회가 폭파당해 네 명의 소녀가 죽었다.

하지만 변화를 위한 노력은 계속되었다. 1964년 7월 의회는 획기적인 민권법을 제정해, 투표자를 차별하는 행위와 학교에서 일어나는 인종 분리에 개입할 수 있는 정부의 권한을 강화했고, 직장과 극장, 식당, 모텔 같은 공공시설에서 인종 분리를 금지했다. 1965년 3월 앨라배마주 셀마에서 벌어진 시위에서 점점 더 과격해지는 남부기독교지도회의의 젊은 시위대가 인종적 편견으로 가득한 경찰과 대치했다. 경찰은 또다시 전 국민이 지켜보는 가운데 시위대에게 최루 가스를 쏘고 진압봉을 휘둘렀다. 그렇지만 시위대는 셀마에서 앨라배마 주도인 몽고메리까지 가기로 한 행진을 완수했다. 1965년 투표권법Voting Rights Act이 제정되었다. 이 법은 투표자를 차별하는 행위에 개입할 정부의 권한을 더욱 강화했다. 1964년과 1965년의 이러한 조치는 인종주의에 맞선 미국의 오랜 싸움에서 건져낸 값진 승리였다.

1963년 8월 28일 25만 명의 인파가 내셔널 몰(National Mall)을 가득 채웠다. 그들은 링컨 기념관 앞에 선 킹이 "내게는 꿈이 있습니다(I have a dream)"라는, 인상적인 구절로 시작한 역사적 연설을 들었다.

▌수렁이 된 베트남 전쟁

유럽과 핵무기를 둘러싼 냉전의 긴장이 어느 정도 완화되자, 워싱턴의 관심은 베트남으로 향했다. 프랑스 식민지였던 베트남은 북쪽의 공산주의 정부와 남쪽의 서구가 지원하는 정부로 쪼개져 있었다. 1947년의 그리스처럼, 냉전 이데올로기를 신봉하는 많은 사람에게 베트남은 공산주의 세력과 '자유 세계' 사이에 그어진 또 하나의 전선처럼 보였다. 1954년 프랑스가 철수한 후 아이젠하워 행정부는 남베트남을 돕기 위해 군사 고문을 파견했다. 1963년에 이르면 이들의 수는 약 1만 6,000명에 달했다. 1963년 11월 초에는 미국이 지원한 젊은 장교들이 쿠데타를 일으켜, 남베트남의 독재자 응오딘지엠Ngô Đình Diệm을 살해했다.

대통령에 취임한 초기, 존슨은 전면적인 개입을 삼갔다. 실제로 그는 1964년 대통령 선거에서 베트남에서 핵무기 사용을 포함한 총력전을 벌여야 한다는 이야기로 유권자를 놀라게 한 공화당 후보, 애리조나주의 연방 상원의원 배리 골드워터Barry Goldwater와는 대조적으로 평화적 접근을 주장했다. 하지만 1964년 8월 존슨은 베트남 통킹만에서 미국 전함이 당한 모호한 사고를 이용해, 의회에서 전쟁을 수행하는 데 필요한 모든 조치를 허가받는 포괄적 결의안을 확보했다. 그는 이 결의안이 "할머니의 긴 잠옷처럼 모든 것을 품고 있다"라며 흡족해했다.

압도적인 표 차로 재선에 성공한 1965년 초, 존슨은 베트남에서 전쟁을 단계적으로 확대하겠다고 발표했다. 국방장관 로버트 맥나마라Robert McNamara와 국무장관 딘 러스크Dean Rusk를 비롯한 최고 참모가 모두 동의했다. 베트남이 아시아, 라틴아메리카 그리고 아프리카—냉전의 새로운 싸움터—에서 공산주의와 싸우려는 미국의 의지를 시험한다고 생각한 그들은 아이젠하워가 처음 제기한 '도미노 이론'을 수용했다. 즉 베트남이 공산화되면 주변 국가도 그렇게 되리라고 생각한 것이다.

존슨이 윌리엄 웨스트모얼랜드William Westmoreland 장군의 끝없는 병력 요청을 승인함으로써, 1967년이 되자 베트남에 파병된 병력은 48만 5,000명에 달했다. 미국 전투기는 폭탄을 비처럼 퍼부어 베트남 전역을 파괴했고, 특수부대는 적대적이라고 생각한 마을에 불을 질렀으며, 적의 은신처를 드러내기 위해 고엽제를 마구 뿌려 정글을 초토화했다. 그러나 북베트남과 베트콩이라고 불린, 남베트남에서 활동한 그들의 동맹세력은 저항을 포기하지 않았고, 결국 남베트남에 안정적인 반공산주의 정부를 세운다는 미국의 목표는 실현되지 못했다. 사기가 떨어진 미군은 마약을 남용하고, 잔혹 행위를 자행했다. 1968년 3월 16일 작전 중이던 한 소대가 남베트남 미라이의 작은 마을에서 400명 이상의 주민을 학살했다. 미군은 조직적으로 사건을 은폐했지만, 여러 저널리스트가 1969년 이 사건을 보도했다. 하급 장교 한 사람이 유죄 판결을 받고 3년 반 동안 가택 연금을 당했다.

전쟁이 계속되자 대학교 캠퍼스를 중심으로 반전 시위가 터져 나왔다. 1962년 조직된 민주사회를 원하는 학생들Students for a Democratic Society이 반전 운동에서 두각을 나타냈다. 1967년에는 수십만 명의 시위대가 뉴욕시와 샌프란시스코에서 가두 시위를 벌였다.

폭동과 방화가 1965년부터 1967년까지 로스앤젤레스, 뉴어크, 디트로이트 같은 도시의 아프리카계 미국인 빈민가에서 발생해 위기감을 높였다. 차량 정체 같은 사소한 일에서 촉발된 폭력 사태는 빈곤, 실업, 무너진 공교육, 비인간적 거주 환경 같은 사회 문제에 뿌리를 둔 좌절감을 드러냈다. 몇몇 젊은 급진주의자는 이러한 불안을 정치화하려고 했다.

1968년에 위기는 절정에 달했다. 베트남의 신년이 시작되는 1월 31일 베트콩이 치명적 공격을 퍼부으며,* 남베트남 전역에서 그들의 세력이 건재함을 입증했다. 이로써 전쟁을 지지하는 목소리가 힘을 잃었다. 3월에는 뉴햄프셔주의 민주당 예비선거에서 전쟁을 반대한 미네소타주의 연방 상원의원 유진 매카시Eugene McCarthy가 존슨을 이겼다. 얼마 후 이제는 뉴욕주의 연방 상원의원이 된 로버트 F. 케네디가 경선에 참여했다. 3월 31일 존슨은 경선에서 물러났다.

4월 4일 킹이 파업 중인 청소 노동자를 지원하기 위해 찾은 테네시주 멤피스에서 암살당했다. 당시 킹은 계급 불평등, 북부의 인종주의, 베트남 전쟁에 초점을 맞추고 있었다. 애도의 물결이 전국을 뒤덮었고, 몇몇 도시에서는 아프리카계 미국인이 폭동—43명의 사망자를 냈다—을 일으켰다. 6월 5일에는 캘리포니아주 예비선거에서 막 승리한 케네디가 로스앤젤레스에서 암살당했다. 8월 사기가 떨어

---

* '구정 대공세'를 말한다.

진 민주당은 시카고 전당대회에서 존슨의 부통령 휴버트 험프리Hubert Humphrey를 대통령 후보로 지명했다. 전당대회장 밖에서는 반전 시위가 한창이었는데, 경찰이 잔인하게 진압해 논란이 되었다. 정치적·인종적 소요와 함께 문화적 충돌이 발생했는데, 기존의 생활 방식을 거부하는 많은 젊은이가 록 음악을 듣고 마리화나를 피우며, 머리를 기르고 환각제를 복용하며, 자유로운 성관계를 즐겼다. 1964년 영국에서 온 비틀스Beatles에게 수많은 팬이 열광했다. 언론의 주목으로 더욱 요란해진 무정형의 반문화counterculture는 사회가 무너지고 있다는 보수주의자들의 우려를 키웠다.

남부 백인과 그 외 침묵하는 다수의 환심을 사려고 한 닉슨은 베트남 전쟁에서의 명예로운 퇴장을 약속하며 공화당의 지명을 받았다. 시위, 폭동 그리고 반문화에 대한 혐오감이 커지는 가운데, 그는 가까스로 험프리를 꺾었다. 제3당 후보인 조지 월리스George Wallace가 분개한 남부 백인과 전국의 블루칼라 노동자에게 호소해 13퍼센트의 득표율을 기록했다. 닉슨과 월리스는 한때 민주당의 표밭이었던 남부를 쓸어버리고, 둘이 합쳐 총 56퍼센트의 표를 얻었다. 이는 존슨이 1964년 압도적 승리를 거둔 이래 미국 사회가 걸어온 길에 반대하는 정치 혁명이 일어나고 있음을 보여주는 사건이었다.

이러한 혼란과 폭력이 있었지만, 1960년대는 뉴딜 시대 이래 가장 강력한 개혁의 물결이 일고, 견고한 인종주의에 결정적 타격을 가한 시기였다. 그러나 그보다 더 격동적인 시대가 기다리고 있었으니, 정치와 공공 영역에서의 보수적 전환은 몇 년간 계속될 것이었다.

9장

1968~2011년
계속되는 역사

소설가와는 달리, 역사가는 해피엔딩을 선택할 능력이 없다. 1965년부터 1970년까지 일어난 정치적 격변, 도시 규모의 폭력, 암살은 미국이 독립 후 세 번째 세기를 시작하는 시점에 나아갈 방향을 잃게 했다. 뒤이은 몇십 년간 대통령 사임과 탄핵, 끔찍한 테러 그리고 논란을 일으킨 전쟁이 벌어졌는데, 증오에 찬 정치와 경기 침체로 절정에 달했다. 이 모든 것이 사회 변화의 방향을 상실하고 테러의 공포가 계속되며, 국가의 경제적 미래를 불신하고 세계적 기후 변화의 우려가 깊어지는 가운데 진행되었다. 냉전이 끝나고 첫 번째 아프리카계 미국인 대통령이 선출—획기적인 사건임이 분명하다—되었는데도, 이때가 미국의 가장 좋은 시기는 절대 아니었다. 미국이 이러한 도전에 대처하고, 그래서 국가의 역할에 그리고 개인의 자유와 공익의 균형에 분열을 초래하는 문제를 해결하려는 정치적 의지를 회복할 수 있을지 불확실했다. 하지만 이처럼 암울한 시절에도, 이 나라의 역사는 어려운 미래 앞에 자신감을 잃지 않을 이유를 제시했다.

▌과도기의 사회

유럽에서 온 이민자는 20세기 말 감소했지만, 대신 아시아와 라틴아메리카에서 새로 온 이민자가 급증했다. 인구 통계학자들은 2040년이 되면 오랫동안 절대다수였던 비非히스패닉계 백인이 전체 미국 인구의 절반 이하가 될 것으로 예측한다. 일찍이 2003년 합법 이민자와 밀입국 노동자를 모두 합한 히스패닉계 미국인의 수는 미국의 최대 소수 집단이었던 아프리카계 미국인을 넘어섰다. 히스패닉계 미국인은 스페인어를 모국어로 하는 사람으로 정의되지만, 사실상 다양한 민족 집단ethnicity일 수 있다. 그들은 대부분 멕시코 출신이지만, 쿠바, 푸에르토리코 그리고 다른 라틴아메리카와 카리브해 지역 출신도 포함한다. 다양한 직종에 퍼져 있지만, 주로 농업, 건축, 서비스직에서 일했다. 이처럼 경제적으로 이바지하는데도, 징벌적 법률과 주기적 추방 공세에 시달렸다.

　거대한 플랜테이션이 가족 농장을 대체함에 따라 농업 일자리는 계속해서 감소했다. 제조업은 다른 부문이 급속히 발전하면서 쇠퇴했다. 새롭게 성장한 분야로는 금융업, 인적 서비스직, 전문 사무직, 정보 기술 회사 등이 있었다. 정보 기술 회사는 대부분 캘리포니아주 실리콘밸리 같은 숙련 노동자와 최고 교육 기관이 집중된 지역에 들어섰다. 성차별이 점점 사라져 노동 인구에서 여성의 비율은 1970년 43 퍼센트에서 2010년에 이르면 60퍼센트까지 상승했다.

제조업이 쇠퇴하면서, 전문 기술이 없는 수많은 노동자가 고용 보장도 안 되고 수당도 적은 저임금 일자리로 내몰렸다. 중산층의 실질 소득조차 정체되었고, 그래서 갑부와 나머지 사람들 사이의 격차가 과거 수십 년간 본 적 없는 수준까지 벌어졌다. 많은 아프리카계 미국인과 히스패닉계 미국인이 전문직 지위를 얻었지만, 또 어떤 이는 뒤처져서 일자리를 얻지 못한 채 수많은 사회 문제에 시달렸다.

미국에서 (그리고 사실 세계적으로) 새로운 전자 기술이 통신, 마케팅, 오락의 차원을 바꾸었다. 비디오 게임과 소셜 미디어가 높은 인기를 누렸다. 사람들이 뉴스, 오락, 생활용품 구매 등을 위해 온라인을 활용함에 따라, 출판사, 서점, 신문사, 잡지사, 음반 회사 등이 그 여파를 실감하게 되었다. 이 시기, 월마트 같은 대형 소매점의 증가로 경제 지형이 크게 변화했는데, 그들의 가차 없는 가격 할인은 중심가의 여러 점포를 문 닫게 했다.

유가가 치솟고 환경에 대한 우려가 커지는 가운데, 산발적으로나마 자연 보호, 대중교통 확대, 연료 효율성 재고, 재생 가능한 에너지 개발 등에 관심이 쏟아졌다. 국내 제조업이 쇠퇴하면서, 가정용품, 전자 제품 그리고 그 밖의 소비재뿐 아니라, 더욱 연비가 좋은 자동차의 수입이 급증했다. 이것이 미국의 무역 수지 적자를 키웠다. 미국 경제가 갈수록 세계 시장에 휩쓸리게 되고, 점점 더 외국발 경제 위기에 볼모로 잡히며, 주기적인 불황과 엄청난 빈부 격차에 시달리면서, 장기적인 경제 전망은 불투명해졌다. 이처럼 불안한 추세에 직면해, 정치 체제는 단발적으로 대응했다. 정신을 산란하게 하는 위기들 때문에 정치 체제는 제대로 작동하는 데 어려움을 겪었고, 때로는 거의 기능을 상실한 듯 보였다.

▌국가적 악몽은 끝났는가

닉슨은 1968년 대통령에 선출될 당시 베트남 전쟁을 끝내기로 약속했다. 파리에서 평화회담이 시작되었지만, 그와 국가안보 보좌관(훗날 국무장관이 되는) 헨리 키신저Henry Kissinger의 지휘하에서, 남베트남을 향한 군사 원조가 계속되었고, 베트콩의 근거지를 파괴하기 위해 캄보디아에도 폭격을 가했다.

1969년과 1970년 워싱턴 디시에서 진행된 대규모 행진을 포함해 반전 시위가 계속되었다. 대학교 캠퍼스와 샌프란시스코 헤이트애시베리Haight-Ashbury 지구에서는 저항이, 마리화나, 환각성 약물 그리고 비틀스와 밥 딜런Bob Dylan 등의 음악을 듣는 것을 포함해 여러 문화적 형태를 취하기도 했다. 록 음악 그리고 평화와 사랑을 노래하기 위해 수천 명의 젊은이가 뉴욕주 우드스톡에 몰렸던 1969년 8월의 3일간 반문화는 최고조에 달했다. 몇몇 시위자는 폭력을 행사했다. 1970년 8월에는 네 명의 행동주의자가 미군에서 자금을 지원받는다는 이유로 위스콘신대학교의 연구센터를 폭탄으로 파괴해 대학원생 한 명이 사망했다.

반전 시위는 격한 반발을 낳았는데, 이는 1968년 대통령 선거에서 제3당 후보였던 앨라배마 주지사 월리스와 닉슨이 조장한 것이었다. '안전모'라고 불린 블루칼라 노동자가 닉슨을 지지하는 집회를 조직하고 반전 시위자를 공격했다. 1970년 5월 4일에는 공화당 소속 주지사가 동원한 오하이오 주방위군이 켄트주립대학교에서 시위대에게 발포해 네 명이 사망하고 아홉 명이 다쳤다. 얼마 지나지 않아 미시시피주의 잭슨주립대학교에서도 경찰의 발포로 두 명의 학생이 사망했다.

반전 행동주의는 1970년 이후 점차 시들해졌다. 닉슨이 베트남에서 미군을 철수하고 대신 폭격과 남베트남을 향한 군사 원조에 집중하면서 미군 사상자 수가 감소했기 때문이다. 1972년 징병이 끝나자 시위는 더욱 줄어들었다. 반문화가 파편화되면서, 많은 젊은이가 시골의 코뮌commune으로 도피해 동양 철학에 심취하거나, 복음주의 기독교의 경건함과 (약물을 제외한) 반문화 생활양식의 혼합물인 예수 운동 Jesus Movement에 가담했다.

1960년대의 개혁적 에너지가 새로운 출구를 발견했다. 1966년 설립된 전미여성협회National Organization for Women와 1971년 글로리아 스타이넘Gloria Steinem의 《미즈Ms.》 창간으로 추진력을 얻은 페미니즘은, 민권 운동과 반전 운동을 경험한 사람을 포함해, 중산층 여성을 성평등을 추구하고 문화의 기저에 놓인 가부장제에 반대하는 운동으로 불러모았다. 1972년 도입된 연방법 제9조는 교육 부문 고용과 운동 경기에서 성차별을 불법화했다. (그보다 8년 전인 1964년 도입된 민권법 수정조항은 차별에서 보호할 범주에 성性을 포함했다.) 동성애자가 자주 드나드는 맨해튼의 한 바를 경찰이 급습한 사건에 항의한 1969년 6월의 시위는 게이와 레즈비언의 권리 운동을 촉발했는데, 이는 앞으로 큰 영향을 미치게 될 것이었다. 카슨의《침묵의 봄》에 영향받은 새로운 세대가 환경 파괴와 싸우는 데 동참했다. 1970년 12월에는 닉슨이 지지하는 가운데, 의회가 연방환경보호국Environmental Protection Agency을 창립했다.

그사이 닉슨과 키신저는 대외 문제에 집중했다. 이스라엘과 팔레스타인의 평화적 관계를 도모하려던 키신저의 노력은 실패했지만, (닉슨이 오랫동안 혐오한) 중국공산당과의 비밀 교섭은 열매를 맺었다. 1972년 닉슨과 키신저는 마오쩌둥과 만남으로써, 훗날 있을 수교의 기틀을 마련했다. 세력 균형 외교의 전문가인 키신저는 미국과 소련의 관계 개선도 추진했다. 본국과 가까운 라틴아메리카에서는 친미 정부를 후원하고, 그 외 노선이 다른 정부를 뒤흔드는 작업을 계속했다. 1973년에는 미국이 지원한 쿠데타가 칠레에서 민주적으로 선출된 좌파 대통령 살바도르 아옌데Salvador Allende를 끌어내렸다. 그렇게 집권한 군사 정권이 1988년까지 통치했다.

1972년 대통령 선거에서 민주당은 (노동조합 지도자와 대도시 정치인을 포함한) 젊은 행동주의자들과 전통적 충성파의 분열을 겪었다. 젊은 행동주의자들이 전당대회를 지배해, 반전 운동의 지도자인 사우스다코타주의 연방 상원의원 조지 맥거번George McGovern을 지명했다. 공화당의 닉슨이 압도적인 표 차로 재선에 성공했다. 이후 그는 '남부 전략'을 추진함으로써, 전통적으로 민주당을 지지하지만 아프리카계 미국인의 시민권 획득에 불만을 품은 많은 남부 백인 유권자와 민주당의 좌경화로 소외된 블루칼라 유권자를 끌어들였다.

하지만 닉슨은 곧 자초한 위기에 직면했다. 편집증과 교활함을 지녔다는 그의 평판은 백악관 입성 후에도 계속되었다. (별명이 '교활한 딕Tricky Dick'이었을 정도다.) 1971년 6월 《뉴욕 타임스》의 〈펜타곤 페이퍼〉 폭로로 화난 닉슨은 유출 경위를 조사하기 위해 '배관공plumber'으로 불린 팀의 활동을 허가했다. 1972년 6월 이 팀은 워싱딘 디시의 민주당 전국위원회Democratic National Committee 본부에 몰래 침입해 전화기에 도청 장치를 설치했다. 한 보안요원이 이를 인지했고, 결국 팀은 체포되었다. 닉슨은 연루 사실을 부인했다.

이 사건은 처음에 거의 주목받지 못했다. 하지만 두 명의 《워싱턴 포스트The Washington Post》 기자가 끈질기게 취재해, 백악관이 연루된 증거를 확보했다. 사건을 조사하기 위해 꾸려진 의회의 특별위원회는 곧 대통령 집무실에 있는 비밀 녹음 장치의 존재를 알게 되었다. 장치를 조사하자 사건을 은폐하는 데 닉슨이 연루되었다는 사실이 드러났다. 곧 탄핵당할 것처럼 보이자 그는 1973년 8월 8일 사임했는데,* 재임 기간에 사퇴한 첫 번째 대통령이었다. 그는 높은 지능, 전략적 목표, 예리한 정치적 본능 등을 갖춘 사람이었지만, 결점 있는 성격이 결국 자기 자신을 쓰러뜨렸다. 부통령 제럴드 포드Gerald Ford가 대통령이 되어, "우리의 오랜 국가적 악몽은 끝났습니다"라고 선언했다. 그는 직전 부통령이었던 스피로 애그뉴Spiro Agnew가 뇌물 수수와

---

* 8월 8일 사임 연설을 하고, 다음 날 사임계를 제출했다.

탈세 혐의로 사임한 1973년 부통령에 임명되었다. 미시간주의 공화당 연방 하원의원 출신으로 특별하지는 않지만, 호감 가는 인물인 포드는 대통령이 되자 닉슨이 재직 중에 범한 모든 범죄를 사면하고 기소되는 것을 면해줌으로써 대중의 애정을 상실했다.

1975년 봄에는 베트콩이 사이공으로 진군하면서 마지막 미군이 철수했다. 이 인기 없는 전쟁은, 미군 사망자 5만 8,000여 명과 부상자 수천 명 그리고 엄청난 수의 베트남인 희생자를 남기고서 마침내 끝났다. 어떤 이는 국내의 반전 운동이 없었다면 미국이 승리했을 것이라고 믿었다. 하지만 또 어떤 이는 베트남 전쟁의 실패를 미국의 오만함을 보여주는 기념비적 사건으로 그리고 추상적 이념이 복잡한 지정학적 현실을 잘못 판단하게 한 사건으로 간주했다.

그사이 새로운 위기가 닥쳤다. 1973년 벌어진 전쟁** 에서 워싱턴이 이스라엘을 지지한 것에 항의해 아랍 국가들이 미국에 석유 수출을 중단했다. 휘발유 가격이 급등하자 전국적으로 분위기가 좋지 않았다. 인플레이션이 발생하고 실업자가 늘면서, 연비가 좋은 일제 자동차를 찾는 사람이 늘었고, 그 결과 미국에서 만든 자동차 판매는 곤두박질쳤다. 닉슨의 배신 행위에 대한 기억이 아직 사라지지 않은 가운데, '워싱턴 아웃사이더Washington outsider'*** 로서 조지아 주지사를 지낸 지미 카터Jimmy Carter가 1976년 대통령 선거에서 민주당 후보로 지

** 1973년 10월 벌어진 제4차 아랍-이스라엘 전쟁을 말한다.

*** 정관계 출신이 아니라 다른 분야에서 일하던 인물을 뜻한다.

명되고 결국 승리했다. 그는 국민에게 절대 거짓말하지 않겠다고 서약했다. 복음주의 기독교 신앙이 부활하는 가운데, 남부의 침례교도인 카터는 "거듭난 기독교인"으로서 자신의 신앙을 공포했다.

카터는 이집트와 이스라엘의 평화조약을 중재함으로써 1978년 외교적으로 큰 성과를 달성했다. 하지만 그의 국내 정치는 실망스러웠다. 그는 예리한 분석 기술을 갖춘 관료technocrat였지만, 정치적 수완은 부족했다. 인플레이션과 석유 부족이 계속되자, 그의 인기는 곤두박질쳤다. 큰 폭의 내각 교체를 단행한 후 제한된 자원을 보호하자고 국민에게 요청했지만 잘 받아들여지지 않았다.

한편 이란에서는 이슬람 근본주의자들이 친미 성향의 왕을 타도하고 이슬람 정권을 수립했다. 카터가 이란의 왕이 암 치료를 위해 미국에 입국하는 것을 허락한 후, 1979년 이란의 시위대가 테헤란에 있는 미국 대사관을 장악하고 66명을 인질로 잡았다. 이 위기가 남은 임기 동안 카터를 끈질기게 괴롭혔다. 미군이 구출 작전을 펼쳤으나 실패해 군인 여덟 명이 목숨을 잃었다. 카터가 대통령직을 떠난 후에야 이란은 모든 인질을 석방했다.

▌보수주의의 부활

레이건은 할리우드의 산물이었다. 그곳에서 그는 정치에 큰 도움이 된 연극 기술을 연마했다. 뉴딜 정책을 지지하는 민주당원이었던 그는 1950년대 우경화해 제너럴 일렉트릭의 대변인이 되었다. 1966년 캘리포니아 주지사로 선출된 레이건은 시위자를 고발해 전국적으로 주목받게 되었다. 텔레비전 설교자 제리 폴웰Jerry Falwell이 창설한, 공화당을 지지하는 종교적 보수주의자들의 모임인 도덕적 다수파Moral Majority가 1980년 대통령 선거에서 그가 공화당 후보로 지명되는 데 힘을 보탰다. 그의 낙관론과 텔레비전에서 보이는 매력적인 모습이, 카터의 인기 없는 상황과 1960년대 급진주의에 대한 반발 그리고 종교적으로 보수적인 유권자의 지지와 결합하면서, 그에게 압도적인 승리를 안겨주었다.

복음주의 기독교도는 노예제도 폐지 운동과 남북 전쟁 이전의 여러 개혁을 활발히 이끌었지만, 이후에는 대체로 교회와 선교 활동에 집중했다. 하지만 1970년에 이르러 대법원의 낙태할 자유 인정, 연방 정부의 학교에서 기도 금지, 동성애자 권리 운동, 대중 매체의 성적 방종 같은 수많은 쟁점으로 (보수적인 가톨릭교도뿐 아니라) 많은 복음주의 기독교도가 미국이 잘못된 길로 들어섰다고 확신했다. 폴웰의 도덕적 다수파와 다른 여러 단체가 이러한 걱정거리를 정치화해, 민주당의 정책이 도덕적 병폐를 불러왔다고 비난했다. 그리하여 엄청난 수의 복음주의 기독교도가 1980년 대통령 선거에서 레이건에게 투표했다. 하지만 역설적이게도 그는 종교적 보수주의자들의 문화적 의제를 대체로 무시하고, 대신 보수적 경제 프로그램을 추진했다. 그는 세금 삭감, 기업 규제 완화, 환경 보호 법률의 축소, 민간 개발업자에게 공유지 개방, 노동조합의 권력 축소를 지지했다. 심지어 연방 항공 관제사가 파업에 들어가자, 그들을 해고해버렸다. 1981년 의회는 주요한 조세 감면법을 제정하고 사회복지 예산을 삭감했다. 레이건은 이러한 조치가 경제를 자극해 세수를 증대시킬 것이라고 주장했다. 하지만 실제로는 불경기와 적자 확대를 초래하고 말았다. 그의 떨어진 인기는 경제가 개선된 후에야 회복되었다.

레이건은 많은 사람이 매력적이라고 생각한 개인주의적이고 반정부적인 자유 시장 이데올로기를 옹호했다. 의사 전달 능력을 타고난 사람으로서 그는 자신의 메시지를 애국심, 향수, 밝은 미래라는 미사여구로 포장했다. 그는 열렬한 지지자를 지니고 있었지만, 국내 정책은 (그는 누구에게나 사랑받았다는 최근의 주장에도 불구하고) 논쟁을 불러일으켰다.

대규모 군비 증가를 밀어붙임으로써, 레이건은 냉전을 더욱 부추겼고, 소련에 '악의 제국'이라는 딱지를 붙였다. 소련의 1979년 아프가니스탄 침공으로 이미 긴장 상태였던 두 국가의 관계는 더욱 악화했다. 이 와중에 행동주의자들은 이른바 핵무기 동결 운동을 조직해 군축 협상이 진행되는 동안 핵무기 프로그램을 중지하라고 초강대국들에 압력을 가했다. 그들의 목소리가 커지면서, 각종 영화와 텔레비전 프로그램이 핵전쟁의 위험을 경고했다. 이 운동의 힘을 빼기 위해 1983년 레이건은 미사일 공격을 막아줄 막강한 보호 장치를 개발하자는 '전략방위구상Strategic Defense Initiative'을 제안했다. 전문가들은 전략방위구상이 비현실적이라고 일축했고, 대중 매체는 그것에 '스타워즈'라는, 인기 있는 공상과학 영화의 제목에서 따온 별명을 붙였다. 하지만 의회는 전략방위구상 연구에 자금을 지원했고, 이로써 핵무기 동결 운동은 힘을 잃었다.

1984년 경제가 호전되면서 레이건은 재선에 성공했다. 단계적 반공주의 계획을 추진한 레이건 행정부는 '콘트라contra'로 불린 반란 세력에 자금을 지원해, 니카라과의 좌파 정부와 싸우게 했다. 또한 이란의 반미 정권에 대항하는 잘 알려지지 않은 단체들에 무기를 판매했다. 의회가 콘트라에 자금을 지원하지 못하게 하자, 국가안보위원회의 한 보좌관이 이란의 단체들에 무기를 판매하고 받은 돈을 비밀리에 빼돌려 라틴아메리카로 보냈다. 의회가 이 범죄를 조사하자, 레이건이 탄핵당하지 않도록 수석 보좌관이 사퇴했다.

그사이 소련의 최고 지도자 미하일 고르바초프Mikhail Gorbachev──그의 정부는 국내외의 압박에 시달리고 있었다──가 일련의 자유화 개혁 조치를 도입하면서, 냉전의 긴장이 극적으로 완화되었다. 사태가 걷잡을 수 없이 빠르게 진행되어 동유럽은 모스크바의 통제에서 빠져나왔고 소련의 공산당 권력은 약해졌다. 이러한 분위기에서 1986년 레이건과 고르바초프가 아이슬란드 레이카비크에서 만나 핵무기 감축을 논의했고, 마침내 1987년 미국과 소련의 모든 미사일을 유럽에서 제거하는 조약에 서명했다. 임기 막바지인 1988년 냉전의 노련한 용사 레이건은 모스크바에서 고르바초프와 만났다.

1988년에는 레이건의 부통령이었던 조지 H. W. 부시George H. W. Bush가 대통령에 당선되었다. 뉴잉글랜드의 영향력 있는 가문에서 태어나 텍사스주 석유업자, 정치인, 대통령으로 변신한 부시는 국외에서는 단호했고 국내에서는 무력했다. 1989년 베를린 장벽이 무너졌다. 이렇게 동유럽에 대한 소련의 영향력이 사라지자, 부시 행정부는 소련의 핵무기가 위험한 세력의 수중에 들어가는 것을 막기 위해 바삐 움직였다. 1991년 미국과 소련은 양국의 핵무기를 대폭 줄이기로 합의했다.

예기치 못한 속도로 냉전은 끝났다. 레이건을 칭송하는 사람은 그의 강경함 덕분이라고, 또 어떤 사람은 소련 내부의 상황 때문이라고 생각했다. 하지만 1990년 이라크의 독재자 사담 후세인Saddam Hussein이 쿠웨이트를 침공하자 곧 새로운 위험이 들이닥칠 것만 같았다. 부시는 연합군을 조직해 침입자를 성공적으로 쫓아냈지만, 이라크로 침입해 후세인을 타도하자는 주장은 받아들이지 않았다. 그는 그것을 너무나 위험한 모험으로 여겼다. 그는 이렇게 자랑했다. "우리는 승리를 거두었다. …… 우리의 안보를 위협하는 어떤 적과도 대치하고 있지 않다." 그렇지만 국내의 경제 문제와 싸우는 일은 거의 하지 않음으로써, 전쟁 이후 그의 인기는 시들해졌다.

▌클린턴과 부시

1992년 대통령 선거에서 아칸소 주지사를 지낸 빌 클린턴Bill Clinton이 민주당 후보로 지명되어, 러닝메이트인 테네시주의 연방 상원의원 앨고어Al Gore와 함께 부시를 꺾었다. 민주당은 증세 정책tax and spend* 을 도입할지 모른다는 생각으로 경계심을 품은 중도층 유권자를 끌어

---

* 세금을 올리고 지출을 늘린다는 뜻이다. 특히 복지 분야에 대한 지출을 늘리기 위한 증세 정책을 의미한다.

들이기 위해 온건한 입장을 채택했는데도, 일단 대통령이 되자 클린턴은 자신의 아내 힐러리 R. 클린턴Hillary R. Clinton을 보건의료 제도를 개혁할 특별대책위원회의 수장으로 임명했다. 보편적 의료 보장을 도입하되, 구매 조합 등의 방법으로 비용을 절감한다는 특별대책위원회의 계획은 의사, 제약 회사, 민간 보험 회사의 반대에 휘말려 의회에서 사장되었다.

민주당이 의욕적으로 추진한 정책을 꺾으며 용기를 얻은 조지아주 공화당 연방 하원의원 뉴트 깅리치Newt Gingrich는 정부 예산 삭감, (복음주의 기독교도에게 호소하는) 포르노 금지 같은 조치를 포함해, 공화당의 정책 목표를 열거한 '미국과 맺은 계약Contract with America'을 발표했다. 그는 공화당이 1994년 중간 선거에서 하원을 장악했을 때 하원의장이 되었다. 하지만 공화당이 장악한 의회와 백악관의 예산 협상이 실패해 정부가 폐쇄되자,** 그의 평판은 매우 안 좋아졌다.

한편 빌 클린턴은 복지 비용을 삭감하고 정부의 역할을 축소하는 복지 개혁 법안에 서명했다. 정치적 중도주의로 돌아감으로써, 그는 1996년 재선에 성공했다. 클린턴 행정부의 외교적 업적에는 1993년 비준된 북미 자유무역 협정North American Free Trade Agreement이 포함되는데, 이로써 미국, 캐나다, 멕시코가 단일한 무역 지대로 묶였다. 1995년에는 보스니아 — 인종적·종교적 충돌로 분열된 과거 유고슬라비

** 1995년 11월 저소득층 의료보험 보장 문제로 5일 동안, 1995년 12월부터 1996년 1월까지 예산 삭감과 세금 인상 문제로 21일 동안 정부가 폐쇄되었다.

아의 일부—에서 벌어진 전쟁을 끝내기 위해 노력했다. 하지만 성추문이 클린턴의 두 번째 임기를 망쳤는데, 그는 백악관 인턴과 맺은 성관계에 대해, 앞서 있었던 성추행 소송을 조사하던 검사들에게 거짓말했다. 공화당이 탄핵을 시도했지만, 상원에서 거부당했다. 하지만 클린턴의 평판은 매우 나빠졌다.

2000년 대통령 선거에서는 클린턴의 부통령 고어가 텍사스 주지사 조지 W. 부시George W. Bush와 겨루었다. 고어는 부시보다 50만 표를 더 받았지만, 선거인단은 부시가 더 많이 확보했다.* (공화당이 지명한 인물들로 채워진) 대법원은 플로리다주의 재검표를 중단시키고, 부시를 당선자로 선언했다. 그는 취임하자마자 세금 인하, 특히 부자에게 혜택이 돌아가는 감세 정책을 추진했다. 그 외에 사업 규제 완화, 환경 보호 조치 완화 그리고 자신의 복음주의 기독교적 신앙에 입각한 몇 가지 개혁을 지지했다. 부통령 딕 체니Dick Cheney가 소집한 석유 산업 간부 집단은 환경 보호를 경시하고 세금을 낮추는 등 석유와 천연가스 회사에 각종 혜택을 주는 에너지 법안의 초안을 마련했다.

▮9·11 테러의 긴 그림자

2001년 9월 11일 광적인 이슬람 테러 단체인 알카에다 소속 테러리스트들이 네 대의 미국 민간 항공기를 납치했다. 두 대는 뉴욕시의 쌍둥

---

* 고어는 267명의 선거인단을, 부시는 271명의 선거인단을 확보했다. 그런데 부시의 동생이 주지사로 있던 플로리다주에서 무효표가 발생해 재검표를 진행했으나, 대법원이 이를 중지시켰다.

이 빌딩인 세계 무역 센터와 충돌했다. 또 한 대는 펜타곤을 들이받았고, 마지막 한 대는 백악관을 향한 것으로 추정되나, 승객들이 영웅적 행위로 테러리스트들을 방해해 펜실베이니아주에 추락했다. 비행기가 충돌한 건물에서 일하던 사람, 경찰관과 소방관, 비행기의 승객과 승무원을 포함해 3,200명 이상이 사망했다.

이 끔찍한 테러로 국민은 하나가 되었고 전 세계가 애도를 표했다. 국기 판매량이 치솟았다. 제2차 세계대전 때 사랑받은 찬가 〈하나님, 미국을 축복하소서God Bless America〉가 다시 불리기 시작했다. 의회는 안보 위협을 조사할 전권을 정부에 부여하는 법률을 통과시켰다. 부시는 알카에다와 그 지도자 오사마 빈라덴Osama bin Laden을 표적으로 한 '테러와의 전쟁'을 선언했다. 미국과 북대서양조약기구는 아프가니스탄에 있는 알카에다의 거점을 공격했는데, 그곳은 보수적 이슬람 집단인 탈레반이 지배하는 곳이었다.

그런데 체니와 국방장관 도널드 럼즈펠드Donald Rumsfeld 등이 이라크로 시선을 돌렸다. 그들은 후세인을 타도한다면 이라크를 중동에서 민주주의의 등불로 삼을 수 있고, 그렇게 되면 이스라엘의 안전을 강화할 수 있다고 주장했다. 부시 행정부는 부당하게도 후세인을 테러와 연결하고 이라크가 비밀리에 대량 살상 무기를 만들고 있다고 주장했다.

의회는 여론을 활용한 선전 활동의 포화를 맞고 이라크 파병을 승인했다. 그래서 미국이 이끄는 연합군이 2003년 3월 이라크를 침공했다. 처음에는 침공이 쉽게 성공하는 듯 보였다. 후세인과 그의 최고

심복들이 바그다드를 버리고 떠나자 부시는 "사명은 완수되었다"라고 선언했다. (후세인은 결국 포로로 잡혀 교수형 당했다.) 하지만 분파 간 분열이 발발해, 이라크는 내전의 수렁으로 빠져들었다. 대량 살상 무기가 전혀 발견되지 않자, 국민의 환멸은 커졌고, 저널리스트들은 전쟁 전의 기만적 선전 활동을 폭로했다.

부시는 2004년 재선에 성공했지만, 미군의 잔혹 행위와 이라크의 군사 교도소, 쿠바의 관타나모에서 자행된 고문을 기록한 보고서에 에워싸인 전쟁의 인기는 크게 떨어졌다. 이라크에서의 임무가 마침내 끝난 2011년에 이르면, 미군 사망자는 4,500여 명, 부상자는 3만 3,000여 명에 달했다. 전쟁과 분파 간 분열로 엄청난 사상자가 발생한 이라크는 매우 불안정한 상태가 되었다. 많은 사람의 눈에 이라크 침공은 힘의 끔찍한 남용으로 비쳤다.

▌불확실한 미래

부시의 인기가 크게 떨어지면서, 그동안 거의 알려지지 않았던 일리노이주의 민주당 연방 상원의원 버락 오바마Barack Obama가 갑자기 인기를 얻어 2008년 대통령에 당선되었다. 1961년 호놀룰루에서, 미국의 백인 인류학자 앤 더넘Ann Dunham과 케냐의 흑인 경제학자 버락 오바마 시니어Barack Obama Sr. 사이에서 태어난 그는 하와이주와 인도네시아에서 성장했다. 미국에서 대학교를 졸업한 후에는 시카고에서 지역 사회 활동가로 일했다. 이후 하버드대학교 법학전문대학원에서 학위를 받았고, 2004년 상원의원으로 당선되었다. 2008년 대통령 선거에서 그는 당시 뉴욕주의 민주당 연방 상원의원이었던 힐러리 R. 클린턴에게 도전해 민주당 후보로 지명되었다. (나중에 그는 클린턴을 국무장관으로 임명한다.) 설득력 있는 웅변가로서 그는 열정적인 지지자 — 그들은 인터넷과 소셜 미디어를 뛰어나게 사용했다 — 를 끌어모았고, 그리하여 승리를 거머쥐었다. 이는 미국에서 역사적인 사건이었다. 그가 취임 연설에서 언급했듯이, 한 세대 전만 해도 워싱턴 디시의 많은 식당이 그의 아버지에게 음식을 팔지 않았을 것이다.

2008년에는 담보 대출 기관, 월스트리트의 증권사, 투자 등급 회사, 해이한 연방 기관의 무모한 관행으로 비롯된 심각한 경기 침체가 발생했다. 주가는 폭락했고, 생산성은 정체되었으며, 실업자는 급등했다. 이전 행정부의 감세 정책과 단기 공채 발행으로 치른 두 차례의 전쟁 때문에 악화한 재정 적자가 눈덩이처럼 늘어났다. 2010년 의회는, 격렬한 논쟁을 거친 후에, 의료 비용을 줄이고 건강 보험을 모든 사람에게 확대한다는 내용의 건강 보험 개혁 법안, 이른바 '오바마케어'를 통과시켰다. 공화당은 오바마케어를 사회주의자의 음모라고 맹렬하게 비난해 2010년 중간 선거에서 큰 소득을 거두었다. 이에 대담해진 공화당은 기업과 부자를 위한 감세 정책을 유지하고, 각종 사업 규제와 환경 보호 제도를 축소하며, 긴축 재정이라는 명목으로 노인 의료 보험 제도를 포함한 사회보장 프로그램을 중지시키고자 밀어붙였다.

종교적 우파는 '전통적 가족 가치를 옹호하며pro-family' 동성애 반대 의제를 밀어붙였고, 이른바 (1773년 보스턴 차 사건에서 이름을 딴) '티 파티 운동'을 벌였다. 이 운동은 정부에 대한 의심과 오바마에 대한 증오를 발산하는 것이었다. 경기 침체가 계속되는데도, 공화당은 세금 증액—미국의 최고 부자들에 대해서조차—을 포함한 그 어떤 자구책이나 적자 감소 계획을 거부했다. 오바마는 각종 쟁점에서 양보를 거듭하며 비협조적인 반대 세력과 타협하는 방안을 찾았고, 그리하여 2008년 그가 일깨웠던 열의와 열정적인 희망은 시들기 시작했다. 게다가 2008년부터 그리스 등에서 발생한 재정 위기로 유럽연합은 재정적 혼란을 겪었고, 이는 미국의 경기 회복 속도를 둔화시켰다. 이러한 사태는 세계 경제가 점점 더 상호 의존하고 있음을 분명하게 보여주었다.

냉전 이후 자리 잡은, 그 누구도 미국을 해칠 수 없다는 행복은 단명하고 말았다. 오바마는 아프가니스탄—수 세기에 걸쳐 침입한 외부 세력마다 실패를 거듭했던 곳—에 군사 조치를 이어나갔지만, 혼돈은 끝나지 않았다. 9·11 테러 이후 많은 사람이 미국의 보안 조치가 '시민의 자유'를 위협할까 봐 걱정할 정도로 크게 강화되었는데도, 또한 2011년 미군이 파키스탄에서 빈라덴을 사살했는데도, 테러에 대한 불안감은 여전히 컸다.

2011년에는 북아프리카와 중동 전역의 오랫동안 억압받아온 여러 이슬람 정당과 지지자가 들고일어나 정부를 전복하거나 그러려고 시도했다. 이집트처럼 미국과 전략적으로 밀접한 관계에 있는 나라도 예외는 아니었다. 미국인은 이러한 사태를 감탄하고, 동시에 불안해하며 지켜보았다. 국가로 인정받으려는 팔레스타인의 노력은 그들의

심각한 경기 침체를 겪고 있던 2009년 9월 9일 의회에 나간 오바마가 경제 회복 계획을 제시하고 있다.

불안정한 지도부와 강경 일변도의 이스라엘 정부 때문에 여전히 지지부진했고, 따라서 아랍 세계에서 미국의 지위는 더욱 약해졌다.

전 세계적으로는, 핵무기 확산, 화석 연료 고갈, 기후 변화부터 빈부 격차, 빈곤, 기근, 인구 과잉 그리고 말라리아, 콜레라, 에이즈, 폐렴, 간염, 이질 같은 질병까지 국경을 초월한 문제가 등장했다. 많은 미국인이 국제연합과 다른 다국적 조직의 능력을 의심했지만, 초국가적인 과제가 긴급한 상황에서 그들의 역할이 확대되는 것은 피할 수 없어 보였다.

국내에서는, 중국과 다른 신흥국의 경제가 급성장함에 따라, 몇몇 사람이 장長주기의 점진적 쇠퇴를 예견했다. 세계사적 관점에서 보면,

그러한 과정은 전혀 놀라운 일이 아닐 것이다. 수많은 국가와 제국이 흥하고 망했다. 다만 지난 몇 세기 동안 미국은 각종 도전 앞에 정치적 회복 능력과 창조적 대응 능력을 보여주었다. 여러 문제가 있지만, 미국은 여전히 전 세계 수백만 명의 사람이 도달하고 싶어 하는 목표다.

훨씬 더 넓은 관점에서 보면, 분명 타성과 반동, 퇴보의 시기가 있었지만, 미국은 (다른 나라와 함께) 자유의 영역을 확대했고, 평등과 사회 정의를 진전시켰으며, 공익을 촉진할 능력이 있음을 증명해왔다. 시민의 정치 투쟁과 행동주의로 미국은 지금까지 이러한 것을 성취했다. 1800년대 초에는 투표권을 확대했다. 피비린내 나는 남북 전쟁으로 노예제도를 폐지했다. 혁신주의 시대에는 기업을 규제하고, 여성의 투표권을 보장하며, 소비자와 공장 노동자를 보호하는 법률을 제정했다. 1930년대와 1960년대에는 공익을 증진하는 획기적인 사회 입법에 성공했다. 이후에는 시민권 혁명이 진행되는 외중에 각종 환경 보호 조치를 도입했다. 수정헌법 제1조로 보장된 종교적 자유 덕분에, 미국은 다양한 종교적 신념을 지닌 사람과 종교가 전혀 없는 사람에게 안식처를 제공해왔다.

처음에는 부족했을지 몰라도, 미국은 과학, 의학, 예술 분야에서 인류의 성취에 상당히 이바지해왔다. 수많은 성취의 나열은 미국 예외주의를 주장하기 위한 것도 아니고, 미국사에서 지울 수 없는 여러 실패와 어두운 시절, 부끄러운 사건을 부정하기 위한 것도 아니다. 다만 대차대조표를 작성한다면, 인간의 복리를 증진하는 데 이바지한 미국의 성취는 궁극적으로 그 밖의 것을 능가할 것이다. 즉 이러한 성취가 일시적인 패권이나 군사적 힘, 또는 덧없는 물질적 풍요보다도 국가의 위대함을 더욱 오래 지속시킬 것이다.

이 책은 저자가 머리말에서 밝혔듯이 "앉은 자리에서 한 번에 읽을 수 있는 짧은 미국사"다. 그렇다고 정치와 외교를 중심으로 간략하게 정리해놓은 책은 아니다. 얼마 되지 않는 분량이지만, 저자는 정치사, 사회사, 지성사 그리고 대중문화까지 포괄한 미국사를 멋지게 서술해냈다. 사회적·정치적 변화를 대중문화나 지성사와 엮어서 설명해나가는 저자의 솜씨는 탁월하다.

　저자는 중요한 사건과 주체들의 행위를 빠르게 보여주면서도 역사의 흐름을 놓치지 않도록 신경 쓴다. 그래서 독자는 미국사 초기의 이념이나 대립이 20세기에도 되풀이되는 것을 알 수 있다. 또한 저자는 미국사의 성취와 실패를 나름대로 균형 있게 서술한다. 하지만 이 책의 장점은 무엇보다 우리가 어렴풋이 이름이나 명칭만 알고 있던 사건, 인물, 작품에 의미를 통하게 해준다는 것이다. 미국 문화가 우리 사회에 깊숙이 침투해 있는 탓인지 몰라도, 미국사를 따로 공부하지 않은 사람도 미국사의 주요한 정치가, 작가, 예술가의 이름을 알고 있다. 이 책을 읽은 후에는 그 이름들이 살아 있는 지식으로 바뀌게 될 것이다.

현재까지의 역사를 다룬다고 하지만, 2011년 이후의 이야기가 빠진 것을 아쉬워할 독자가 있을지 모른다. 현대인의 눈에는 현재가 가장 격변기처럼 보일 수 있고, 그래서 트럼프 시대의 평가가 궁금할 수 있다. 하여 2011년부터 10여 년간 미국과 관련된 중요한 일들을 간단히 정리해 부록으로 넣었다. 마지막 장인 9장에 서술된 미국 사회가 직면한 여러 도전을 참고한다면, 짧은 부록이라도 바로 오늘날의 미국을 이해하는 데 충분히 도움을 줄 수 있을 것이다.

이 책은 미국사 입문서다. 이 책으로 얻은 지식이 더욱 전문적인 역사책 읽기에 도전하는 자극제가 되기를 바란다.

2012년 2월 26일	아프리카계 미국인 청소년 트레이본 마틴Trayvon Martin이 자경단원의 총격에 사망하는 사건이 발생했다. 이를 계기로 '아프리카계 미국인의 목숨도 중요하다'는 뜻의 블랙 라이브스 매터Black Lives Matter 운동이 시작되었다.
2012년 11월 6일	오바마가 재선에 성공했다.
2012년 4월 15일	보스턴 마라톤 대회에서 폭탄 테러가 발생해, 세 명이 죽고 183명이 다쳤다.
2015년 6월 26일	대법원이 동성결혼에 합헌 판결을 내렸다.
2015년 7월 14일	이란과의 핵 협상을 타결했다.
2015년 12월 12일	파리 기후 변화 협약을 채택했다.
2016년 11월 8일	대통령 선거에서 부동산 재벌 도널드 트럼프Donald Trump가 민주당의 클린턴을 누르고 당선되었다.

2017년 7월 13일	캘리포니아주의 민주당 연방 하원의원 브래드 셔먼Brad Sherman 이 대통령 탄핵안을 발의했으나 가결되지 못했다.
2017년 6월 1일	파리 기후 변화 협약에서 탈퇴했다.
2017년 10월 5일	《뉴욕 타임스》가 영화 제작자 하비 와인스타인Havey Weinstein이 수십 년간 성폭력을 일삼아왔다고 폭로한 뒤 미투Me Too 운동 이 미국 사회를 뒤흔들었다.
2018년 5월 8일	이란과의 핵 협상을 파기했다.
2018년 6월 12일	북미 정상회담이 싱가포르에서 열렸다.
2018년 7월 6일	중국 수입품에 340억 달러 규모의 관세를 부과하며 무역 전쟁 이 벌어졌다.
2019년 12월 18일	트럼프가 하원에서 첫 번째 탄핵을 당했다. 하지만 2020년 2월 5일 상원에서 부결되었다.
2019년 12월	중국에서 코로나19 환자가 처음으로 발견되었다. 이 전염병으 로 2020년 말까지 미국에서만 1,500만여 명이 감염되고, 30만 여 명이 죽었다.
2020년 3월 23일	연방준비제도이사회가 무제한 양적 완화를 선언했다.
2020년 5월 25일	아프리카계 미국인 조지 플로이드George Floyd가 백인 경찰관에 게 제압당하는 와중에 질식사했다. 이 사건으로 블랙 라이브스 매터 운동이 더욱 거세졌다.
2020년 11월 3일	대통령 선거에서 조지프 R. 바이든Joseph R. Biden이 당선되었다.
2021년 1월 13일	트럼프가 하원에서 두 번째 탄핵을 당했다. 하지만 2월 13일 상 원에서 부결되었다.

참고문헌

1장 선사 시대~1763년: 아메리카 대륙 발견과 이주

James I, "Loathsome to the eye," from *A Counter-Blaste to Tobacco* (London: R. B., 1604).

Christopher Columbus, "They ought to make," *The Log of Christopher Columbus*, trans. Robert Fuson (Camden, ME: International Marine Publishing Company, 1991), 77.

Hugh Peters, "You have stepped out of your place," quoted in "Report of the Trial of Mrs. Anne Hutchinson before the Church in Boston," from *The Antinomian Controversy, 1636–1638: A Documentary History*, 2nd ed., ed. David D. Hall (Durham, NC: Duke University Press, 1990), 382 – 83.

2장 1763~1789년: 독립 전쟁과 헌법 제정

John Dickinson, "Come join in hand," from "The Liberty Song," quoted in Vera Brodsky Lawrence, *Music for Patriots, Politicians, and Presidents* (New York: Macmillan, 1975), 14 – 15.

Thomas Paine, "Everything that is right," from *Common Sense*, in *Rights of Man,*

Common Sense and Other Political Writings, ed. Mark Philp (New York: Oxford University Press. 2009), 24.

Paine, "The cause of America," from *Common Sense*, in *Rights of Man, Common Sense and Other Political Writings*, ed. Mark Philp (New York: Oxford University Press. 2009), 3.

Paine, "These are the times," from The Crisis, in *Rights of Man, Common Sense and Other Political Writings*, ed. Mark Philp (New York: Oxford University Press. 2009), 63.

Abigail Adams, "Remember the Ladies," from *The Letters of John and Abigail Adams*, ed. Frank Shuffelton (New York: Penguin. 2004), 148.

George Washington, "Render slavery more irksome," quoted in *This Glorious Struggle: George Washington's Revolutionary War Letters*, ed. Edward G. Lengel (New York: HarperCollins. 2007), 175.

Jehu Grant, "When I saw liberty poles," quoted in Henry Wiencek, *An Imperfect God: George Washington, His Slaves, and the Creation of America* (New York: Farrar, Straus and Giroux. 2004), 199.

3장 1789~1850년: 새로운 비전, 새로운 위험

John Quincy Adams, "Cockboat in the wake," from *Memoirs of John Quincy Adams: Comprising Portions of His Diary from 1795 to 1848*, ed. Charles Francis Adams (Philadelphia: J. B. Lippincott. 1875), 179.

Andrew Jackson, "Mr. Marshall has made his decision," quoted in Jon Meacham, *American Lion: Andrew Jackson in the White House* (New York: Random House. 2009), 204.

Andrew Jackson, "A few savage hunters," from *Annual Messages, Veto Messages, Protest, &c. of Andrew Jackson*, 2nd ed. (Baltimore: Edward J. Coale. 1835), 59.

Sydney Smith, "Who reads an American book," quoted in Sam Walter

Haynes, *Unfinished Revolution: The Early American Republic in a British World* (Charlottesville: University of Virginia Press, 2011), 54.

Oliver Wendell Holmes, "Intellectual declaration of independence," quoted in Peter Gibian, *Oliver Wendell Holmes and the Culture of Conversation* (Cambridge: Cambridge University Press, 2001), 371.

Alexis de Tocqueville, "The most horrific of civil wars," from *Democracy in America*, trans. Gerald Bevan (London: Penguin, 2003), 423.

4장 1850~1865년: 노예제도와 남북 전쟁

Thomas Jefferson, "A fire bell in the night," from *The Works of Thomas Jefferson*, vol. 12, ed. Paul Leicester Ford (New York: G. P. Putnam's Sons, 1905), 158.

William Lloyd Garrison, "I will not retreat," quoted in Henry Mayer, *All on Fire: William Lloyd Garrison and the Abolition of Slavery* (New York: W. W. Norton, 1998), 112.

Garrison, "An agreement with hell," quoted in Henry Mayer, *All on Fire: William Lloyd Garrison and the Abolition of Slavery* (New York: W. W. Norton, 1998), 329.

Henry Highland Garnet, "Every means," quoted in Fergus M. Bordewich, *Bound for Canaan: The Epic Story of the Underground Railroad, America's First Civil Rights Movement* (New York: HarperCollins, 2005), 227.

John A. Inglis, "The Union subsisting," quoted in Charles P. Roland, *The Confederacy* (Chicago: University of Chicago Press, 1960), 1.

Mary Boykin Chesnut, "We are divorced, North and South," from *Mary Chesnut's Civil War*, ed. C. Vann Woodward (New Haven, CT: Yale University Press, 1981), 25.

Christopher Memminger, "Whose opinions and purposes," quoted in

Edward McPherson, *The Political History of the United States of America During the Great Rebellion*, 2nd ed. (Washington. DC: Philp and Solomons. 1865), 16.

5장 1865~1900년: 산업화와 제국주의적 팽창

William Dean Howells, "The Corliss engine," from "A Sennight at the Centennial," *Atlantic Monthly* 38 (July 1876): 104.

"Wisest and best citizens," quoted in Mike Wallace and Edwin G. Burrows, *Gotham: A History of New York City to 1898* (New York: Oxford University Press. 1999), 1010.

"When anarchy gathers," from *The Congregationalist*, quoted in Carl N. Degler, *Out of the Past: The Forces That Shaped Modern America* (New York: HarperCollins. 1984), 373.

Richard Olney, "On the ragged edge of anarchy," quoted in Philip Dray, *There Is Power in a Union: The Epic Story of Labor in America* (New York: Anchor. 2011), 204.

Mary Lease, "Raise less corn and more hell," quoted in Nancy F. Cott, *Root of Bitterness: Documents of the Social History of American Women* (Boston: Northeastern University Press. 1996), 414.

William Graham Sumner, "A drunkard in the gutter," from *What Social Classes Owe to Each Other* (New York: Harper and Brothers. 1883), 13.

James G. Blaine, "The United States has," quoted in David Saville Muzzey, *James G. Blaine: A Political Idol of Other Days* (New York: Dodd. Mead. 1935), 365.

Walt Whitman, "Then our Republican experiment," from "The Tramp and Strike Questions," *Complete Prose Works* (Philadelphia: David McKay. 1892), 330.

6장 1900~1920년: 혁신과 반동

Upton Sinclair, "I aimed at the public's heart," in *The Profits of Religion: An Essay in Economic Interpretation* (Pasadena, CA: Upton Sinclair, 1918), 194.

Alice Roosevelt, "My father always wanted," quoted in Carol Felsenthal, *Princess Alice: The Life and Times of Alice Roosevelt Longworth* (New York: St. Martin's, 2003), 105.

7장 1920~·1945년: 강대국의 탄생

John Dos Passos, "All right, we are two nations," from *The Big Money* (New York: Mariner, 2000), 371.

8장 1945~1968년: 풍요의 이면

X [George Kennan], "The Sources of Soviet Conduct," *Foreign Affairs* 25, no. 4 (July 1947): 566 – 82.

U.S. National Security Council, "Animated by a new fanatic faith," "NSC-68: A Report to the National Security Council, April 14, 1950," *Naval War College Review* (May – June 1975).

Lyndon B. Johnson, "Like grandma's nightshirt," quoted in Robert Dallek, *Lyndon B. Johnson: Portrait of a President* (New York: Oxford University Press, 1999), 179.

찾아보기

세상에서 가장 짧은 미국사

미국을 이해하기 위한 최소한의 지식

초판 1쇄 발행 2021년 3월 25일 초판 2쇄 발행 2022년 12월 14일

지은이 폴 S. 보이어
옮긴이 김종원
펴낸이 이승현

출판2 본부장 박태근
지적인 독자 팀장 송두나
편집 김광연
디자인 김준영

펴낸곳 ㈜위즈덤하우스 출판등록 2000년 5월 23일 제13-1071호
주소 서울특별시 마포구 양화로 19 합정오피스빌딩 17층
전화 02) 2179-5600 홈페이지 www.wisdomhouse.co.kr

ISBN 979-11-91425-82-6 03900